감귤 하나의 저녁

김태원 시집

문학의전당 시인선
0310

감귤 하나의 저녁

김태원 시집

문학의전당

시인의 말

나의 꿈이
저 눈꽃송이처럼 환할 수 있다면
저 눈꽃송이처럼 가벼울 수 있다면

나의 꿈이
저 눈꽃송이처럼 자유롭게 날 수 있다면
저 눈꽃송이처럼 착하고 평온할 수 있다면

그리하여 잠시,
아주 잠시뿐이라도 저 눈꽃송이처럼
꿈이 완성될 수 있다면—

2019년 여름
김태원

차례

제2부

제3부

제1부

다시 꽃밭에서

나의 컵에 남아 있는 한 잔의 물로 무엇을 할 수 있을까 생각하다가, 빈 화단에 나아가 묵묵히 겨울을 이겨낸 키 작은 꽃나무 아래 반쯤 쏟아붓는다 혹자는, 자신의 컵 속에 이제 반잔의 물밖에 남아 있지 않다고 성난 고양이처럼 갸르릉대기도 하겠지만, 겨우내 얼어붙은 단단한 나무의 껍질을 열고, 다시금 붉은 함성처럼 찬란히 꽃 피워낼 그를 생각한다 벽에 바싹 다가붙어, 한 잎 한 잎 정상을 향해 나아갈 담쟁이의 푸르른 손들을 생각한다 마침내, 어둔 땅속을 헤치고 하늘로 날아오를 쓰르라미의 눈부신 울음을 생각한다

이른 봄, 텅 빈 꽃밭에 나와 앉아서
우죽비죽 불거진 돌과 흙을 고르게 펴고 다독이고 어루만지며 나만의 슬프도록 우그러진 컵을 눈 가까이 들어 올려본다

내 안의 컵 속엔 아직 물이 반이나 남아 있다

상처를 세우다

장마가 잠시 머뭇머뭇하는 칠월의 한낮
희망아파트 앞, 방음 유리 외벽에
가늘고 긴 목을 가까스로 세워 든 담쟁이들이
보험사 영업 실적 그래프처럼 바짝 붙어 있다

중대 계약이 파기라도 된 걸까
앞서 오르던 담쟁이 하나가
미끄러운 덫과 바람을 이겨내지 못하고
밭일하는 어머니 등에 업힌 어린 아기의 잠처럼
툭, 하고 아래로 굴러떨어진다

기어오르다 휘청하고
기어오르다 곤두박질치고
바닥엔 켜켜이 쌓인 상처들로 숲을 이루는데

자신의 상처를 계단처럼 딛고 일어나
한 뼘 한 뼘, 천 길 절망의 벽을 향해
쉼 없이 길을 열어 끝내 그 벽을 오르고 마는

허공중에 솟구친 덩굴손 끝이
독 오른 코브라의 목처럼 줄기차고
팽팽하다

싸목싸목, 봄

우수(雨水) 무렵,
천년의 숨결 지네다리를 건너 초평호에 오르면
호수 반지반(半之半)을 부표처럼 가로질러
겨울을 밀어내고 있는 물오리들의 긴 행렬을 보게 된다

호수를 빼곡히 뒤덮고 있던 얼음은
이미, 산그늘 아래 음지선(陰地線)까지 떠밀려
최후의 바리케이드를 치고 있다

그 얼음과 물의 경계에 물오리들이 모여 있다
물오리들은 얼음 위에 올라 성급히 발을 구르거나
부리로 얼음을 쪼아 깨뜨리는 법이 없다
물오리 하나가 물오리 열, 물오리 백과 어깨를 나란히 잇대어
싸목싸목 손에 손을 모아 얼음을 녹이고 밀어내는 것이다

우리네 아버지, 아버지의 아버지들이 큰물을 다스려
물고기 비늘 모양의 돌다리를 쌓고 느리게 강을 건넜듯

그 얌전한 속도로 하늘다리와 수변 초롱길을 돌아 나온 바람이
물오리들의 곱게 씻은 노오란 맨발과 출렁 부딪히며

버들개지 젖멍울 속, 수줍은 속옷 차림의 봄을 데리고
용고개 서낭당을 지나 벼룩이자리 오보록이 움트는 마을 고샅길로
도둑고양이 기지개 켜는 굴뚝 너머 마당 안으로, 안으로
싸목싸목 쉼 없이 걸어 들어오고 있는 것이다

---

*싸목싸목: 주로 전라도 지역에서 사용되는 방언으로, '천천히(동작이나 태도가 급하지 않고 느리게)'란 뜻.

겨울에게

아무려면,
아래로 아래로만 길을 가는 저 강물도 슬픔이 있어
늘 이웃하던 풀과 나무들이 동면(冬眠)에 들면
겨우내 밀물지듯 몰아치는 외로움 견디지 못해
끝내 제 스스로 몸을 얼려 문을 닫아거는 것이겠지요

사철 푸르르고 올곧은 성정의 저 소나무도
때론, 소낙물처럼 차오르는 설움 더는 이기지 못해
그의 빈 가슴 한 켠에 도끼날보다 더 단단한
옹이를 만들어 잔뜩 비틀어보기도 하는 것이겠지요
슬픔을 드러내 보이기 싫어
얼음과 옹이 속 깊이 숨겨 가두어두는 것이겠지요

슬픔을 안으로 오래 닫아두지 마세요
작은 벌레라도 들어와 쉬어 가도록 가만히 쪽문을 열어두세요
우수 경칩 지나 눈 녹고 개구리 울음 풀리면
떠났던 나무와 풀들도 손끝마다 고운 빛을 달고

맑고 환한 얼굴로 다시 돌아오는 법이지요

보도블록 틈에 낮게 엎드려
묵연히 희망을 밀어 올리는 민들레의 작고 노란 꽃잎이
구름 속의 나비가 날아와 신발코에 내려와 앉은
색동옷, 미투리의 어린아이와
오래도록 눈인사를 나누기도 하는 법이지요

슬픔은 헐겁게 열어두세요
바람과 눈비와 햇살이 참참이 드나들 수 있도록
옷깃을 내리고 단추를 하나 둘 더 풀어두세요
아무려면, 독감처럼 잠시 어둠어둠 머물다 떠나가겠지요
새벽까치 울음 빛내며 입춘처럼 다시금 일어서겠지요

골목을 품다

길과 길의 경계에 골목이 있다
낮과 밤, 빛과 어둠의 경계에 골목이 있다
그대와 나의 경계에 골목이 있다

어둑한 아침
선들바람 하나가 헐레벌떡 골목 안으로 뛰어든다
시궁쥐 울음 오목한 담벼락엔 철 지난 벽보가 너풀거리고
담장을 기어오르던 담쟁이 두엇, 바닥으로 휘청 곤두박이
친다

벽에 부딪혀 솟구쳐 우는 바람
밤새 야윈 골목이 날짐승처럼 홰를 치며 일어나 앉는다
길고양이 담장 위로 어슬렁 기어오르고
새들은 가장귀 사이로 갈잎처럼 젖은 날개를 편다

유년의 옛 기억들이 낙서(落書)처럼 멈추어 선 곳
키 낮은 시간들이 쉼 없이 머무르고 흘러가는 곳
돌이켜보면 비릿한 나의 풋사랑도 골목에서 시작되었고

골목에서 꽃 지듯 떠나갔다

저 건듯 바람처럼 수천, 수만 번 골목을 드나들면
눈을 감고도 훤히 길을 찾아 돌아 나올 수 있을까
상처가 자라 굳은살을 만들듯 골목과 함께
나의 어줍은 삶이 조금씩 여물고 커갈 수 있을까

낡고 오래된 골목이 더 공손하고 따뜻하듯이
큰길보다 골목에서 꽃핀 사랑이 더 저릿하고 애틋하듯이
밤새워 추적추적 골목을 비추던 가등(街燈) 위로
아침 해가 가만히 떠올라
낮과 밤, 그대와 나와의 경계를 허물고 있다

깨진 유리창

1

행복마을회관 창문 한 곳이 금이 쩍, 가고 반쯤 깨져 있다
유리창엔 크고 작은 낙서와 광고지들이 덕지덕지 붙어 있다
'행복한 우리 마을'이 '항복한 우리 마을'로
'깨끗이 이용합시다'는 '깨끗이 악용합시다'로
플래카드의 글자들도 로드킬처럼 훼손되어 있다
건축 폐기물들이 널브러진 공터엔 고양이 울음만 오목하니 고여 있다

이따금씩 사람들이 깨진 유리창 안을 힐끔거리고
공연히 주먹을 날리거나 돌을 집어던지며 지나갔다
유리창은 점점 더 심하게 깨지고 일그러졌다
뻥 뚫린 구멍 사이로 쉼 없이 바람이 드나들고
시궁쥐와 도둑고양이들이 드나들고
마을회관은 어둠어둠 아수라장이 되어 갔다

2

내 마음 깊은 곳에도 깨진 유리창이 있다
창문 틈으로 알 수 없는 바람이 늘 회오리치고
가시옹이선인장 같은 슬픔과 못다 핀 그리움들이
회한의 상흔처럼 밀려 들어오거나 새어 나갔다

저 맵차게 몰아치는 눈바람을 끌고
우악살스런 동장군이 불현듯 들이닥치기 전에
어서 깨진 유리창을 새것으로 갈아 끼워 넣어야겠다
내 마음속 언저리를 정갈히 하고
함부로 휘갈긴 낙서들을 지우고
나만의 새로 쓴 플래카드를 다시금 내걸어야겠다

작고 노란 팬지꽃 화분 서너 개 늘 창문 곁에 놓아두어야겠다

---

*깨진 유리창 법칙(Broken Window Theory): 깨진 유리창처럼 사소한 것들을 방치해두면, 나중에는 그것으로 인해 더 큰 해가 되어 돌아온다는 심리학 이론.

고드름과 동백은 날개가 없다

한겨울 눈, 바람, 비가 하나의 몸이 되어
선운사 대웅전 처마 끝에 투명한 얼음꽃으로 피었다

묵언수행을 하듯 거꾸로 매달려
오가는 사람들의 손 모음 말을 귀동냥하다가
방울방울 회한의 눈물 남모르게 떨구더니
북받치는 설움 이겨내지 못하고 바닥으로 산산이 몸을 던진다

고드름은
자신의 몸을 수직낙하하면서 비로소 삶이 완성되는 것
그러나, 무슨 그리움이 그리도 깊어
바닥에 떨어져서도 설운 눈물 하염없이 쏟아내고
오체투지로 뜨겁게 몸을 사르더니
뒤란 동백나무숲에 붉디붉은 새가 되어 동그마니 앉아 있다

눈바람 세찬 혼돈의 세상에 내려

소리와 날개를 잃은 천상의 붉은 새
하늘로 향해 몸을 솟구쳐 보지만 제자리에서
한 뼘도 날아오르지 못하고 이내 바닥으로 추락하고 만다

어둑어둑 동백꽃 지는 절 마당가
노스님의 비질 소리가 화엄(華嚴)처럼 고요히 아프다

바람의 노래

나, 길을 찾아가네
사운대는 갈대밭에 잠시 머무르며 서걱이다가
늦가을 들판을 가로질러 텅 빈 나뭇가지를 흔들어 깨우며
하르르하르르 꽃잎 흩날리는 나의 또 다른 계절을 찾아
천 길 낭떠러지 겨울 속으로 선뜻 뛰어내리네
길을 가다가 눈 덮인 나무들의 지친 어깨와
허리 꺾인 풀들을 보듬고 어루만지네

얼음 강을 건너거나 낡은 지붕 위를 지날 때 크게 고함 한 번 치고
무리에서 떨어진 뭇 짐승들의 손발을 끌고 등을 떠밀며
나의 고단한 이웃들과 함께 길을 찾아가네

나, 길을 찾아가네
바람이 불어오는 쪽으로 귀를 가까이 기울이며
얼음 진 강의 찬 물결을 따라
나뭇잎 배 서넛, 바다로 띄워 보내네
때론 흙먼지를 일으키고 양철지붕처럼 소란스럽게 어깨를

들썩이지만
하르르하르르 꽃잎 흩날리는 나의 또 다른 봄을 찾아
겨울 나목들처럼 서늘히 바람에 몸을 맡기네

길을 가다가
바람처럼 스쳐 지나고 바람처럼 고요히 소멸하고
바람처럼 다시 일어서네

겨울 강변에서

거머무트름한 빌딩숲,
도심의 불빛들이 비칠비칠 내려와 강물에 젖는다
오랜 침묵의 시간들이
낙엽처럼 떠나가 버린 옛 꿈, 옛이야기들이
한 점 불빛이 되어 어둔 벤치 위로 떨어져 내린다

한 줄기 시(詩)의 울음이
볼을 적시고, 내 설운 가슴을 적시고
휘몰아치는 눈바람은 이내 달려와
사나운 짐승처럼 길을 막아서며 갸르릉거린다

나목(裸木)이고 싶다
밤을 두려워하지 않고
함부로 슬퍼하지 않는 저 강의 나목이고 싶다
아무런 부끄럼 없이 사람들을 만나는 나목이고 싶다

하늘가에 내던진 가지, 가지마다
차디찬 눈물로 희고 고운 꽃을 빚어

그 어디에선가 눈을 비비며 일어서는
못다 피운 꿈들의 소생(蘇生)을 위해
겨우내 묵연히 기도로 지켜 서 있는 나목이고 싶다

어줍은 날갯짓에 동면(冬眠)을 앓는
모두가 알몸으로 남겨진 세밑의 바람 시린 거리, 거리들
바다만큼이나 그리워하던 풀빛 강 언덕
그 맑고 푸르른 날을 위해
함부로 슬퍼하거나 노(怒)하지 않는 나목이고 싶다
나목의 서늘한 몸짓이고 싶다

연(鳶)

송이눈이 가만히 다녀간 유년의 새해 아침
설빔 옷의 코 묻은 얼굴들과 마을 언덕에 올라 연 하나를 띄웠다
연실에 하나하나 풀을 매겨 늦추었다 풀었다 싸움도 즐기고
이따금씩 소망을 담은 편지도 깜냥껏 띄워 보냈다

연은 하늘 높이 올라 한 점이 되었고
나의 겨울은 연과 함께 내내 하늘을 날았다
그때마다 나는 실을 풀어
가능한 한 더 높이 더 멀리 연을 띄워 날려 보냈다
연은 함부로 쏜 화살처럼 들과 언덕을 지나 산을 넘었고
어느 날인가부터 내게서 보이지 않게 되었다

유년 이후,
약관과 입지를 지나 불혹과 지천명을 넘어
나 이제 귀가 편해진다는 이순(耳順) 즈음에 닿아 있지만
아직 선불리 실을 감지 못하고 있다
선부른 나의 실감기로 인해

연이 산을 넘어오다가 나뭇가지에 걸려 찢기거나
실이 끊겨 멀리 달아나거나 추락할지도 모르기 때문이다

바람이 심하게 불거나
눈비라도 쓸쓸히 내리는 날이면
손발이 저려오고 등줄기엔 식은땀이 화농처럼 흘러내린다

나, 하루 일과를 마치고 돌아와
습관처럼 하늘을 올려다보며 두 손을 모아 쥔다
앞산 마루에 둥근달처럼 환히 떠오를
나의 잃어버린 연(鳶)을 그리며
연보다 내가 먼저 쓰러질지도 모를 그날을 그리며
조심조심 아주 조금씩 연실을 당겨 보고 감아도 보는 것이다

품바, 매미 씨

미치지 않으면 미치지 못한다

품바 가설 야외 공연장에, 차돌처럼 야물딱진 찰매미 씨가 곱게 분단장을 하고 무대에 오른다 환호성이 불꽃처럼 치솟고, 신이 난 찰매미 씨는 겅중겅중 이리 뛰고 저리 뛰어오르며, 손목이 부러지고 고개가 떨어져나가도록 몸을 흔들어댄다 둥기당 둥기둥기당, 악다구니로 장구와 북을 치며 노래를 부른다

이미 오래전에 깨어져 금이 간 목은 아랑곳하지도 않고, 터져라 부서져라 연신 둔탁한 쇳소리를 화살처럼 내쏟는다 우우, 그녀의 신들린 열정과 춤사위에 사람들이 열광하며 구름처럼 모여든다 여름날의 장대비 같은 박수와 갈채가 곳곳에서 터진다 발갛게 날 선 목의 핏줄은 금세 관객들을 사로잡고, 아낌없이 모두 그녀의 포로가 된다

간간이 찬 생수로 목을 축이는 찰매미 씨, 두 팔을 벌려 날개를 활짝 펼칠 때마다 죽지 사이로 땀이 흥건하다 비좁은 관

객들 사이사이를 맨발로 누비고 뛰어다니느라, 하얀 양말은 흙이 덕지덕지 묻어 엉망이 되지만, 그녀도 관객도 상관하지 않는다 그녀와 관객은 이미 한 덩어리, 한 몸이다 불 끓는 여름밤이 활활 타올라 송두리째 으깨어져 재가 된다

미치지 않으면 미치지 못한다

이순(耳順)
—맙소寺와 아뿔寺

사철 마르지 않는 강물처럼 윤기가 빼곡히 넘쳐흐르는, 그 무엇도 거칠 것 없는 정갈한 갈맷빛 숲으로 영원히 남아 있는 줄만 알았던 나의 길에 가을이 오자, 듬성듬성 나무와 풀들이 뽑히고 이 대 팔 가르마 길을 따라 희끗희끗 풀잎이 마르고 낙엽이 지더니, 이른 봄부터 여름내 녹음 속에 가려 보이지 않던 오래된 절 두엇이 설핏 드러난다

흙담장은 비에 젖어 기우뚱 비칠거리고, 누덕누덕 남루한 기와지붕엔 망초만 무성한데, 이따금 찾아오는 바람 소리는 지독한 이명(耳鳴)처럼 혹은, 사각으로 멈춰서는 브레이크 음처럼 길을 송두리째 뒤흔들고 회오리친다 나는 엉망의 그 길을 추적추적 되짚으며, 낡고 쓸쓸히 이웃한 두 절을 찾아 하루에도 십수 번씩 절 마당을 배회하며, 서성이다 돌아오곤 한다

깜박깜박 잊었거나 간과했던, 오랜 아집과 게으름의 맙소寺
고착화된 귀차니즘과 지독한 건망증의 아뿔寺

하기야 이 절들은, 유년 혹은 청장년 시절에도 가끔씩 찾아 둘러보던 곳이기도 했는데, 나직한 독경 소리와 고요한 풍경에 취해 후일 나이 들어 즐겨 찾아오기라도 한다면, 쇠약해진 심신과 건강에 유익하겠다 싶기도 하여, 늘 잊지 않고 기억해 둔 절이었음을 고백한다

나 이제 지천명을 지나 이순의 길로 접어들어, 나란히 이웃한 이 절을 들락날락거리며 늘 발품깨나 팔 것이 불 보듯 하겠지만, 이 아름다운 가을이 다 가고 겨울이 오기 전, 나의 희끗한 길의 나무들이며 풀들이 저녁노을처럼 한 번쯤은 붉고 황홀하게 타올라, 절 앞에 내건 등불처럼 환해질 수도 있을 거란 믿음에, 나의 길에 온전히 흑갈색 염색물도 깜냥껏 들여보고, 어줍은 헤어피스 가발이라도 번듯하게 뒤집어써 보기도 하는 것이다

나무를 읽다

장마 끝나고
오랜만에 맑게 갠 부모산을 맨발로 느릿느릿 오르다가
뿌리 뽑혀 누워 있는 키 작은 나무를 아이처럼 안아 들고서
나무가 대칭형의 구조적 생명체임을 알았다

나무의 절반은 지상으로 드러나 있고
나머지 절반은 땅속 깊숙이 묻혀 있다
앞이 보이지 않는 어둔 땅속에서
얼마나 많은 잎들이 피고 지고
얼마나 많은 열매가 열리고 떨어졌을까

잎과 잎, 가지와 가지
뿌리와 뿌리가 서로 얽히고설키어
굵고 진하게 때론 가늘고 흐릿하게
행간마다 밑줄을 그어가며 촘촘히 써 내려간
저 눈부신 나무의 말들, 나무의 문장들

나무가 죽어서도 쓰러지지 않는 것은

아직 절반의 삶이 땅속에 남아 있기 때문이다
땅 밑의 생명들에게 아직 내어줄 게 있기 때문이다

간곡히 두 손 모아 나무를 다시 묻으며
가지와 잎과 뿌리의 말들을 하나하나 정독해 보는데
가슴속 깊은 곳을 찌르는 그의 말들이
소낙비처럼 때론 날카로운 바늘 끝처럼 따갑고 아프다

우시장 가는 길

그러니까, 소는 함부로 울지 않는다
삼키거나 되새김할 뿐 울음을 소리 내어 밖으로 드러내지 않는다

저물녘
카고 트럭 짐칸 사각의 파이프 속에
어미 소 한 마리가 갇혀 실려 가고 있다
도심의 번잡한 사거리를 지나 우시장 가는 길
가다 서다, 서다 가다를 반복할 때마다
그의 네 다리가 기우뚱, 삐걱거린다
몸을 낮추거나 앉지도 못하고 줄곧 그대로 서서
낡아 비틀린 식탁처럼 휘청거린다

커다란 두 눈을 느릿느릿 끔벅이고
반쯤 벌려진 입으로 더운 김만 연신 뿜어낸다
움머움머어, 소리 내어 크게 한번 울어도 좋으련만
끝끝내 침묵으로 버티어 낸다

그는 이미 짐이다
고삐와 말뚝으로 속박되어 단단히 꾸려진 울음을 멈춘 짐이다
오래지 않아 이미 정해진 그의 목적지에서 짐답게 부려질 것이다

짐은 처음의 모습을 그대로 간직하는 것
상하거나 변하지 않고 온전히 지켜내는 것

그러니까
소는 함부로 소리 내어 울지 않는다

도랑물이 바다로 나아가는 방법

1

한겨울, 난로 앞에 가까이 다가가 연구에 몰두하던 한 학자가, 이마에 땀방울이 맺히고 몸이 후끈 달아오르자, 제자를 급히 불렀다 난로가 너무 뜨거워 연구에 지장이 있으니, 이걸 떼어내어 내게서 조금 멀리 떨어지도록 설치하라, 제자가 난감한 표정을 지으며 대답했다 난로를 떼어내어 다시 설치하려면, 몹시 번거롭기도 하거니와 시간도 많이 허비하게 되니, 스승님께서 한두 걸음 뒤로 물러나시지요

2

늦가을 자드락 산길을 따라 걷다가, 붉고 노오란 상수리나무 숲을 에돌아, 작은 웅덩이에 빠져 묵묵히 때를 기다리는 도랑물을 찬찬히 들여다본다 높은 곳을 올려다보지 않으며 아래로 아래로, 앞을 막아서는 것들과 티격태격 부딪치거나 맞서지 않고, 한두 걸음 물러서거나 비켜서서 돌아서 길을 가는, 끝내 바다에 가닿는

저문 하늘 빛 아래 벌레 먹어 더욱 붉은 나뭇잎 물새 두엇,

물 위에 가만히 내려 바다로 날아가는 꿈이라도 꾸는 듯, 작은 상수리 한 알의 울림에도 출렁, 날개를 퍼덕인다

무심강변에서 일박

긴 머리를 짧게 자르고
하릴없이 차를 몰고 나온 사월의 어느 저물녘
비릿한 봄비가 추적추적 옆 좌석에 다가와 앉는다
차창에 부딪는 불빛들이 흐릿하게 점점이 흩어지고
설운 옛 사랑의 기억들을 빗물 머금은 유리창 가득 불러 모은다

그대와 나의 빛바랜 흑백사진들이
한 장씩 때론 무더기로 슬라이드처럼 펼쳐진다
몇몇의 사진은 환히 웃고 있지만 대부분은 반듯하고 무표정한 얼굴이다
사진들이 항복하듯 비에 젖는다

윈드실드 와이퍼가 빠르게
쉴 새 없이 사진들을 지워 없앤다
사람들은 어디에 그리고 무엇에 기대어 살까
저 비는 어디에, 누구와 기대며 바다로 흘러갈까

왕벚나무가 길게 늘어선 강둑길
바닥이 온통 젖은 꽃잎으로, 비릿한 꽃내음으로 흥건하다
저 꽃잎, 밟으면 금세 송이눈처럼 부서질 것만 같아
차를 한쪽에 세워두고 강물 속의 불빛을 물끄러미 바라다보는데
옆 좌석의 봄비가 어깨 위로 가만히 기대어 온다

강변 가득 물이 차오르고
나는 아무런 저항 없이 비의 포로가 되어 밤새 차 안에 갇힌다
멀리서부터, 비가 멎고 꽃이 지고
그대가 진다

응달에 쌓인 눈은 오래도록 녹지 않는다

성묘 마치고 돌아오는 자드락 산길
응달의 묘지마다 채 녹지 못한 눈덩이들이
어물전 고무대야 속 가자미처럼 납작 움츠리고 있다
어둔 저녁 길에 널브러져 누운 고라니의 주검처럼
뭉텅뭉텅 깨지고 부서지고 어지럽게 금이 가 있다
바람이 세차게 일자 겁 많은 들짐승처럼
찬 바닥에 바짝 엎드려 더욱 몸을 낮춘다
저들도 한때, 햇살 바른 바닷가 마을 하늘 위를 꽃잎처럼 나닐며
까치가 찍어놓은 아무도 밟지 않은 새벽 길 따라
색동옷 설빔 가족의 너른 품속에 오래도록 안기기도 했을 것이다
그들과 해종일 연(鳶)을 날리며
눈사람, 눈싸움 놀이로 하루가 저물기도 했을 것이다

응달에 발을 붙이고
응달에서 밤을 지새며 살아가는 것들은 늘 차고 딱딱하다
눈보라 흩날리는 쓸쓸한 소도시의 지하도 한 귀퉁이

누덕누덕 외투 깃을 세워 올린 뭇 사내들이
하나둘 구석을 찾아 모여들고 있다
폐신문지 두서너 장 맨바닥에 깔고
그 위로 물 먹은 통나무처럼 쿵, 쓰러져 눕는다
저들의 꽁꽁 언 가슴도
겨울 빨래처럼 마르지 못하고 오래도록 녹지 않으리라
겨우내 딱딱하게 굳어버린 묘지의 눈덩이처럼
설운 콘크리트 바닥에 모로 누워 차갑게 얼어붙은 사내가
새우등처럼 허리를 꺾어 우그러뜨리며
찢겨 날아갈 듯한 한 움큼의 신문지를 빈 가슴 깊숙이 그러안는다

그 집 앞

벚꽃잎 홍건히 지며 흐르는 저물녘
장미 넝쿨 엇갈린 담장가에 우산 하나가 비에 젖고 있다
듬성듬성 작은 봉오리 벙그는 담장엔
옅은 석무가 우산의 어깨를 짚으며 가만히 내려와 있다
설어둠이 넌지시 다가가 감싸 안지만
우산에 부딪는 비 울음소리가 꽃처럼 아프다

비에 젖는 것이 어디 저 우산뿐이랴

꽃을 피우고 금세 거두어가는 봄은 어떤 얼굴일까
저 꽃잎, 빗물과 함께 흐르고 흘러
내와 강을 건너 끝내 바다에 가닿을 수 있을까
외등을 타고 희부옇게 흩날리는 비를 늦도록 맞으며
그 집 앞 담장 밑, 젖은 우산 하나가
꽃처럼 지지 못하고 밤이 이슥토록 피어 있다

비에 젖는 것이 어디 저 담장뿐이랴

제2부

감귤 하나의 저녁

저녁 식사를 마치고 거실에 나와 앉아 텔레비전을 보고 있는데, 설거지를 마친 아내가 쟁반에 감귤 하나를 들고 옆으로 다가와 앉는다 냉장고에 감귤이 달랑 하나밖에 안 남았네요, 하면서 네 등분으로 나누어 내 입에 쏙, 아들놈 입에도 쏙, 딸아이 입에도 쏙, 하고 집어넣는다 시고 달고 말랑말랑한 저녁이 물컹 씹힌다 노랗게 익은 아내의 금빛 사랑도 달큰 씹힌다 마지막 남은 감귤 조각을 자신의 입속에 털어 넣고, 껍질을 모아 쥐더니 엄지 끝으로 꾹꾹 눌러 즙을 낸다 요즘 당신 손이 많이 거칠어진 것 같아요, 방울방울 이슬 맺힌 감귤 껍질을 손등에 마구 문질러댄다 물씬, 은은한 귤 향기가 손목을 타고 코끝에 와 닿는다

아내와 아이들의 얼굴이 감귤처럼 노랗게 동그라미를 그리며 서로를 그러안는다 감귤 하나로 온 저녁, 온 방 안이 화안하게 접시꽃처럼 부푼다

사과와 감자의 변주

사과가 땅속에서 자라고
감자가 나무 위에서 열린다면
감자가 촉촉한 햇볕, 서늘한 바람과 어울려 희끗희끗 익어 간다면
사과가 차고 어둔 땅속에서 바알갛게 영글어 간다면
붉고 탐스런 사과를 땅속에서 캐고
밋밋하니 둥글한 감자를 나무에서 따게 된다면
감자를 예쁘게 깎아 꽃무늬 쟁반 위에 후식으로 올려놓는다면
사과를 가마솥에 삶아 양푼 가득 담아놓고
평상에 모여 온 가족이 빙 둘러앉는다면

어느 날
거대한 몸집의 길짐승들이 하늘을 날아다니게 된다면
날짐승들이 날개를 버리고 비칠비칠 땅 위를 걸어다니게 된다면
물고기들이 꼬리지느러미로 뒤뚱뒤뚱 땅을 딛고 서서
우숫물 지듯 거리, 거리로 쏟아져 들어와 내달린다면

그리하여, 나는 깊은 밤 잠에서 깨어
아파트 인근 공원을 길고양이처럼 홀로 돌아다니거나
가등이 켜진 벤치에 미끈한 술병과 마주앉아 대작(對酌)을 벌이기도 하는데
이런 엉뚱하고 발칙한 상상들이 닫혀 있는 나의 눈과 귀를 열어
때론 뜨겁게 달아오르게 하고
때론 죽비처럼 등줄기를 냅다 내리치기도 한다

사과와 감자,
깨뜨려지지 않는 저들의 오랜 종족의 습성과
그 찬란한 한계와 질서에 감히 끼어들거나 어찌할 수 없어
나는 그냥 말없이 술잔이나 기울이다가 전혀 말이 되지 않는 이유로
혼자 골똘히 잠을 설치거나 밤을 지새우기도 하는 것이다

호박꿀을 먹는 방법

호박넝쿨 휘감아 오르는 담장가에 나가
노랗게 피어 있는 호박꽃을 하나, 둘 세다 보면
호박벌이 날아와 꽃 깊숙이 파고들 때가 있다
꿀을 따먹느라 온통 정신이 팔려 있을 때가 있다
그 순간을 놓치지 않고 기다렸다가
잽싸게 꽃잎 끝을 오므려 누르고 출구를 막는다
지그시 꽃잎을 밀어가며 벌 가까이 다가가서는
엄지손가락으로 살짝 눌러 기절시킨다
그런 다음, 통통하게 살이 오른 벌의 꽁무니를 똑 따서
노랗게 이슬방울처럼 고인 꿀을
입으로 쪼옥 빨아먹는다

짝퉁과 거짓의 시대—
누군가는 속이고 누군가는 속으며 사는 세상
순도 백 퍼센트 진짜 호박꿀을 먹을 수 있는
이보다 더 확실한 방법이 어디 있겠는가

이른 아침 잠에서 깨어 거울 앞에 서니

나와 꼭 닮은 녀석이 부스스한 얼굴로 멀거니 쳐다보고 있다

내가 씽긋 웃어 보이자 녀석도 씽긋 웃는다

내가 버럭 화를 내자 녀석도 버럭 화를 낸다

요것 봐라, 너 이 녀석 짝퉁 맞지

녀석이 넌지시 되받아치며 묻는다

그래 너는.

네가 가진 것 어느 것 하나라도 짝퉁 아닌 것이 있느냐고

네 자신은 거짓 없는 진짜가 맞느냐고

벌초

그곳은 금지구역으로 선포되었다
이미 오래전부터 정해놓은 구역 안으로
그 무엇도 함부로 침범할 수 없다
그것이 풀이든, 가지든, 잎새든, 나무 그늘이든
단 한 번의 예초기 날에 추상(秋霜)의 들처럼 힘없이 나가떨어진다

죽은 자와 산 자의 경계에 원 하나가 그려진다
말끔히 정돈된 죽은 자의 동글한 집, 그만의 절대 영역
산 자는 무릎을 꿇고 정중히 예를 올린다

지금은 벌초의 시대
도시는 자신의 영역을 넓히기 위해 밤낮없이 불을 밝히고
사람들은 자신의 말뚝을 중심으로
보다 크고 넓게 원을 그리려고 안간힘을 쓴다
길짐승처럼 갸르릉거리며 등을 할퀴거나 담을 넘기도 하고
밤하늘 노란 달 쟁반 위에 놓인 생선을 소란스럽게 낚아채기도 한다

겨울비가 추적추적 내려앉는 깊은 밤
득(得)과 실(失), 어둠과 밝음이 공존하는 골목 한 귀퉁이
물 먹은 가로등 하나가 켜졌다 꺼졌다, 꺼졌다 켜졌다를 반복하며
담장 위에 걸터앉아 기로(岐路)에 선 도둑고양이 두 눈을
어지럽게 흔들고 있다

문, 문을 열다

살아간다는 것은 문을 열고 닫는 일이다
눈을 가진 이유는 좋은 문을 찾거나 고르기 위한 것이고
입과 귀가 있는 이유도 문을 열기 위해 귀를 가까이 대거나
문을 향해 소리를 지르기 위한 것이다
사람들을 좋은 문을 만들거나 갖기 위해 간곡히 힘을 쏟고
평생을 통해 문을 열고 닫는 일에 전력(專力)하고 반복한다
남의 문을 열고 들어가 관계를 잇거나 끊기도 한다

내게도 서너 개의 문이 있다
봄의 꽃들처럼 화사하고 신비스러운 문
가을 잎새처럼 작은 바람에도 쉽게 흔들리고 쉽게 열리는
문
녹이 슬고 낡아 잘 열리지 않고 늘 삐걱거리는 문
빗장을 걸어, 걸어 꼭꼭 잠가둔 비밀의 문

문을 열고 닫기 위해 손과 발의 힘을 길러야 한다
문은 이랑을 고랑으로 고랑을 이랑으로 바꾸어놓기도 한다

탄생의 문 학업의 문 취업의 문 직장의 문 결혼의 문
가정의 문 자녀의 문 생활의 문 노후의 문 죽음의 문

장대비같이 몰아치던 어제도
해 눈이 반쯤 감긴 건잡을 수 없는 오늘도 나는,
나만의 쓸쓸하고도 눈부신 문업(門業)을 꿈꾸며
밤낮없이 문을 열고 다시 닫으며 이내, 또 다른 문을 향해
휘적휘적 발걸음을 내딛고 있는 것이다

감자

게으름을 이끌고 비 개인 텃밭에 나가다가
주춤, 걸음을 멈추고 사과나무 뒤로 몸을 숨긴다

밭 한 귀퉁이, 흙을 두둑이 북돋아
가지런히 쌓아 올린 비닐 이랑 위에
볏을 꼿꼿이 세운 어미닭들이
나란히 알이라도 품는 듯 가부좌를 틀고 있다

종일, 먹지도 쉬지도 않은 채
제 몸 상하는 것도 모르고 요지부동이다
가까이 다가가 귀를 대보는데
물러서지도 달아나지도 않는다

이제 곧, 내일이나 모레 아니면 글피쯤
어미닭의 품속에서 고물고물 땅의 껍질을 열고
까만 눈 노란 옷의 아기병아리들이
텃밭 가득 우루루루 쾅쾅 쏟아져 나오겠다

병아리 울음소리 우렁우렁 하늘을 오르고
노릇노릇 날갯죽지에 부쩍 힘이 붙게 되면
사과나무 낮은 가지쯤은 폴짝 날아와 앉을 수도 있겠다
나무 뒤에 숨은 나를 쉽사리 찾아낼 수도 있겠다

장미농장

사면팔방 장미넝쿨로 빼곡히 울타리가 쳐져 있는 곳
밤낮으로 불이 꺼지지 않고 알 수 없는 꽃향기가 담장을 넘나드는 곳
해마다 오월이 오면 붉은 장미꽃 축제로 연일 발 디딜 틈이 없는 곳
정문 한쪽에선 사시사철 해고자들의 농성이 끊이지 않는 곳

사람들은 그곳을 장미농장이라고 불렀다
해고자들은 정문 한쪽 끝에 제비집 같은 천막을 짓고
단식과 밤샘 농성으로 결사투쟁을 벌였다
하루에도 몇 번씩 주야 출퇴근 버스가 들어가고 나가고 하였지만
그 누구도 말을 붙이거나 손을 잡아주지 않았다
얼마 전까지 함께 일을 하고 함께 밥을 나누었던 동료였지만
모두들 하나같이 입을 닫았고 눈을 돌렸다
장미꽃 뒤에 은밀하게 숨은 독가시에 긁히거나 찔려
보거나 듣지 못하고 말을 하지 못한다는 소문만 무성했다

이제 다시 오월이 오면
농장은 더욱 붉고 화려하게 분장(粉牆)될 것이다
종일 오색 풍선이 하늘을 오르고
만국기가 펄럭이며 사람들의 눈을 빼앗고 사람들을 불러 모을 것이다
움켜쥔 손들마다 장미꽃을 다발다발 받아들고 활짝 피어 돌아갈 것이다

축제와 농성은 장미의 계절 내내 계속되고
불협화음은 이따금씩 농장을 후려치기도 할 것이다
수십여 송이의 꽃잎과 잔가지가 찢겨 부러지기도 하겠지만
농장은 철옹산성(鐵甕山城)처럼 움쩍도 하지 않을 것이다

몇 번의 소낙비가 내리고 그치기를 반복했다
정문엔 굳게 바리케이드가 쳐졌고
정장 옷의 사람들과 앰뷸런스가 총급히 다녀간 새벽,
단식과 농성은 중단이 되었고 닫힌 천막은 한동안 열리지 않았다

이제 오래지 않아 천막은
전봇대 위에 지은 까치집처럼 강제 철거되리라
꽃잎과 가시, 축제와 농성이 공존하는 슬프고도 아이러니한 모순의 계절
붉디붉은 장미꽃잎 사이로 독 오른 암사마귀 한 마리가
천 개의 가시를 등에 숨기고 스르륵 고개를 들어 올리고 있었다

찻물을 끓이며

물은, 자신의 키보다 높은 곳은 절대 욕심내는 법이 없지만, 자신이 가야 할 길이 까마득한 벼룻길이라면, 어둔 굴 속이나 천 길 낭떠러지라도 아무런 두려움 없이 뛰어내린다

주전자에 물을 반쯤 붓고 찻물을 끓이며 보았다 물도 제 몸이 뜨거울 대로 뜨거워져 주체할 수 없는 순간이 찾아오면, 한 번쯤은 자신의 키를 훌쩍 뛰어넘어 허공을 향해 솟아오르는 것을 보았다 닫힌 주전자 뚜껑을 들썩이며, 있는 힘껏 밀어 올리는 것을 보았다

나, 틀에 박힌 유순한 일상에서 벗어나 오랜 편견과 아집을 무너뜨리고, 나의 길을 훌쩍 뛰어넘거나 가로질러 버럭 솟구쳐 오를 수 있을까 럭비공처럼 튀어 올라 전혀 예상하지 못한 길을 향해, 아무 망설임 없이 선뜻 발걸음을 내딛을 수 있을까

지 불 끓는 주전자 속에는, 새로운 발상의 전환을 꿈꾸며 역동하는 거대한 용(龍)이 한 마리 살고 있다

벼랑꽃

대청호수공원 남자화장실 소변기에
제법 크고 불그름한 파리 한 마리가 납작 붙어 있다
아스라한 벼랑 끝 절벽이다

나는 그를 혼내줄 요량으로
눈을 동그랗게 뜨고
두 다리를 기둥처럼 단단히 세워 고정시킨다
혹여 날아갈세라 재빠르게 바지 지퍼를 열어 정조준을 한 후
쏴아아, 물대포 공격을 연신 퍼붓는다

놀라워라,
파리는 미동도 하지 않은 채
나의 무차별 공격을 받아내며 몸을 절벽에 더더욱 밀착시킨다
네다섯 번의 공격이 허무하게 무위로 돌아간다

자세를 고쳐 풀고

바지를 추어올리며 한참을 바라보다가
문득 나는 세상 곳곳 절벽의 삶들을 생각한다
깎아지른 바위틈 낭떠러지에 뿌리내린 나무들
춥고 그늘진 곳에 전전긍긍 슬픔을 먹고 살아가는 유기동물들
직장이 없거나 직장을 잃은 우리네 쓸쓸하고 휑한 이웃들
우물 같은 애환을 가슴에 품어 안은 비정규직의 사람들
꿈과 사랑을 잃은 노숙자들

나는 잠시
소변기의 파리에게 숙연히 경배하며 손을 모은다
가만히 물을 내려 나의 흔적을 깨끗이 지워 없앤다
놀라워라, 파리의 모습이 더욱 환하게 빛난다
벼랑 끝에 아뜩하게 핀 산철쭉 꽃잎처럼 붉고 선명하다

세상의 모든 절벽의 삶들이
금세 하늘로 날아오르려는 듯 젖은 날개를 굼틀, 출렁한다

탁란

장미의 유혹, 거미의 올가미
밤비, 혹은 빌딩 끝에 걸린 빛의 눈물

밤은 늘 폭력처럼 왔다가 은밀히 지나가고
도시의 포장된 공원의 아침을 다시 찾는다
한낮의 가등처럼 깜박이는 졸음들
그 등 뒤로 욕망처럼 버티어 선 사각형의 살찐 바위산들
오, 밝음 속에 감춰진 검은 그림자
아직도 살아남아 스멀스멀 온몸을 기어 다니는
어둠의 분가루들, 독충들
먹이를 찾고 먹이를 쫓는 사팔뜨기의 눈, 눈들

산다는 것은 남을 해하는 일이다
밀어내고 떨어뜨려 빼앗는 일이다
밝음과 어둠 속에서 끝없는 본능을 향해 치달리는 것이다
남의 영역에 숨어들어 주인이 되는 것이다

보리 숭어리 살과 독이 오르는 늦봄의 들판

내와 늪, 흙과 물의 경계에 비스듬히 누운 왕버드나무 가지 위엔
철없는 붉은머리오목눈이 부부가
자신보다 몸집이 훨씬 더 큰 뻐꾸기 새끼에게
연신 먹이를 잡아 입속에 넣어주고 있다

어미 새의 뇌에는
붉은 입천장을 가지고 고음을 내는 둥지에 남아 있는 새끼에게
먹이를 물어다 주도록 알고리즘이 입력되어 있다

귀곡사*

용암개발지구 한쪽에
늙은 아름드리 소나무 한 그루가 벼랑 끝까지 몰려 있다
움푹 팬 흙구덩이 속 붉은 새끼줄 사이로
덫에 발목을 치인 짐승처럼 뿌리를 모두 드러낸 채 가까스로 버티고 있다
새끼줄 밖으로 밀려 나가지 않으려는 듯
길게 뻗은 서너 개의 가지가 줄 안쪽을 향해 간곡히 잎을 밀어 넣고 있다
몸 곳곳의 크고 작은 뿌리들이 투두둑 끊기거나 잘린 채
널따란 천과 비닐에 친친 감겨 있다

용암개발지구, 이제 한동안 새끼줄 안쪽은
밤낮으로 불이 꺼지지 않고 양철지붕처럼 소란스러워질 것이다
책을 지워 없애듯 산과 골은 허물어져
백비(白碑)처럼 항거하지 못하고 쓰러져 눕게 될 것이다
흙먼지와 굉음과 네모난 벽돌이 하나하나 쌓이고 쌓여
길이 되고 집이 되고 거대한 사각형의 도시가 되어

사람들을 파도처럼 모여들게 할 것이다

공사가 마무리되고 판이 끝나면
붉은 새끼줄을 경계로 아스라하게 걸쳐 있던 저 소나무도
바둑판의 사석처럼 들어내게 될 것이다
포위하고 있는 쪽의 일방적인 권리로
그의 뜻과 상관없이 폐기되거나
묶인 짐승처럼 트럭에 실려 강제 이주될 것이다

산과 나무는
스스로 자신의 자리를 옮겨 슬픔을 만들지 않는다

---

* 귀곡사: 바둑 대국 시, 귀에서 일어나는 특수한 형태로서 언뜻 패나 빅 모양으로 살아있는 것처럼 보이나, '귀곡사는 포위하고 있는 쪽이 일방적으로 잡으러 갈 권리가 있으므로 팻감 유무와 관계없이 죽음이다'라고 규정하고 있다.

논두콩과 밭둑녀

논 중심에 들지 못하고
가장자리에 터를 잡고 뿌리를 내린 둑콩 씨
개망초 좁쌀냉이 둑새풀 꽃마리와 늘 이웃해 가며
꿈의 조각보 같은 푸른 잎들을
우렁우렁 하늘을 향해 추어올리고 있습니다
비탈진 논두렁과 좁은 논둑길이 그의 삶터입니다
하루하루 그에게 주어진 일을 씨억씨억해 냅니다
그가 사랑하는 여인도 밭 변두리에서 소박한 꿈을 키우는
주근깨, 댕기머리의 둑녀 씨입니다
둘의 사랑이 제비꽃처럼 작지만 예쁘게 피어 있습니다

왜 중심에 들지 않고 변두리에 머무느냐,
설핏 다가가 귀엣말로 넌지시 물어보면
두꺼비 등 같은 손을 가만히 내저으며 멋쩍은 듯 미소를 지어 보입니다
중심에서 떨어져 사는 삶도 충분히 아름답다고
주변이나 가장자리에서도 누군가는 해야 할 일들이 있는 거라고

가장자리가 있어야 중심이 흔들리지 않고 바로 서며
비로소 논과 밭이 하나의 틀로 조화롭게 완성되는 거라고

황소같이 우직스럽지만 한눈팔지 않고
묵묵히 자신이 정한 길을 향해 뚜벅뚜벅 걸어 나가는 두콩
씨
붉은 저녁노을 속으로 성큼, 뛰어 들어가
논의 중심을 향해 두 팔을 벌려 힘껏 그러안습니다

봄날의 각오

개구리 잠에서 깨어나
나무와 풀들을 흔들어 깨운다

흰 쌀밥보다 더 포근하고
당신의 향기로운 입술보다 더 보드라운
당신의 싱그러운 살빛을 닮은
살아 꿈틀꿈틀 일어서는 봄의 흙 속에 손을 넣는다

이미 오래전부터 약속되어진 그들만의 신성한 의식
깨뜨려지지 않는 질서, 오묘한 공존의 자유
소리 없는 반란, 아우성

봄날엔
일정을 좀 더 빡빡하게 잡아야겠다
그것이 일이든 사랑이든 여행이든 시작(詩作) 활동이든
아지랑이 꿈꾸는 골목을 바람처럼 치달리는 길고양이처럼
낮게 낮게 하늘과 땅을 오가는 저 새들처럼
얼음을 깨고 땅을 열고 가지를 찢고

우우, 일제히 함성처럼 들끓는 저 꽃들처럼

봄날엔 똥줄 나게 발이 부르트도록
좀 더 치열하게, 좀 더 바쁘게 쏘다녀야겠다

봄은 비포장으로 온다

저이 누구신가
번듯한 포장길 다 놔두고
울퉁불퉁 비탈진 산길을 따라
돌부리에 걸리고 도랑물에 빠지며
덜컹덜컹 삐걱삐걱 꽃수레 끌고 재 넘어서 오는

저이 누구신가
쉬도 않고 해찰도 않고 등성이, 등성이마다
이쪽에도 한 무더기 저쪽에도 한 무더기
논, 밭둑에도 개울가에도
동구 밖에도 마을 앞마당에도
꽃을 담뿍담뿍 던져놓고 바삐 돌아서 가는

저이 누구신가
매캐한 꽃향기에
무논의 개구리 콧물에 재채기, 쿨럭쿨럭 기침까지 해대고
눈이 휘둥그레진 산새들, 들로 마을로 내려와
누구지 누구지, 웅성웅성 몰려다니며 떠들어대는

저이 누구신가
이곳저곳 저곳이곳 눈 닿는 곳마다
모든 것 다 내어주고 빈 수레로 왔던 길 돌아
덜컹덜컹 삐걱삐걱 비포장길 따라 다시 재 넘어서 가는
황소같이 고집 센 저이, 대체 누구신가

詩냇물

봄

겨우내 긴 잠에 든 나무와 풀들에게 가만가만 다가가, 그들의 발바닥을 간질이고 깨우며 물 한 잔의 새로운 아침과 싱그러운 봄을 선물할 수 있다면 다행이다 그들의 물관을 타고 올라 눈이 부시도록 환하게 피어날 꽃과 푸른 잎의 생성을 위해 착한 울림의 말이라도 전할 수 있다면 다행이다

여름

발밤발밤 징검돌을 밟으며 개울을 건너오는 지치고 고단한 이웃들에게, 마른 목을 축이고 그들의 맑고 선한 얼굴을 비추는 거울이라도 될 수 있다면 다행이다 어둑어둑 밭일을 마치고 돌아오는 가난한 농부의 흙 묻은 삽과 땀을 씻으며, 그들과 작은 위안과 휴식이라도 함께 나눌 수 있다면 다행이다

가을

혼인색의 고추잠자리처럼 붉게 물들어 떨어지는 산벚나무 잎을, 온 가슴으로 받아 포근히 안아줄 수 있다면 다행이다 저물녘 가만히 지는 노을빛에 기대어 김수영의 풀과 구르몽

의 낙엽을 읊조리며, 아름답게 자신을 낮추고 비우는 그들만의 쓸쓸함과 희망에 대하여 이야기할 수 있다면 다행이다

겨울

꽝꽝 언 얼음 아래에서도 끊임없이 흐르고 흘러, 돌 밑 나뭇잎 속 기진한 벌레와 물고기들에게 푸른 생명수가 되어 함께 바다로 나갈 수 있다면 다행이다 키 낮은 버드나무 숲길을 따라 차갑게 내리는 별빛을 죽비처럼 끌어안으며, 하루를 반성하듯 졸졸졸 졸시(拙詩)라도 한 줄 써 내려갈 수 있다면 다행이다

여여(如如)

오래된 벗의 부음을 받고 찾아가는 고향의 비포장길
한옆에 차를 세우고 옷을 추어올리며 숙연히 하늘을 올려다본다
겨우내 경성드뭇 이가 빠져 있던 산들이
연둣빛 퍼즐처럼 하나 둘, 조각을 맞추어 가고
찬 눈바람에 발목이 잡혀 옴짝달싹 못하던 도랑물도
별다른 불평 없이 여흘여흘 바다로 흘러간다

한때, 계절의 끄트머리에 서서
이렇다 할 이유 없이 하염없는 눈물을 쏟아낸 적이 있다
나, 꽃이 피고 지는 것에 대하여 귀가 순해진다는
그다지 슬프지 않은 나이에 가까이 닿아 있지만
살아가는 일은 대부분 외롭고 고단하다
문상을 마치고 돌아오는 차창 너머
하르르하르르 벚꽃잎 흩날리며 눈물 같은 봄비가 내린다

인생은, 그저
아찔하게 피었다 금세 지고 마는 봄의 꽃들 같은 것

덜겅덜겅 이 비포장 흙길을 돌아나가면
지난 세월 나의 달고 쓴 기억들이 흐르는 물처럼
좀 더 유순하고 부드러워지도록 늘 보듬고 다독여야겠다
선뜻선뜻 버리지 못한 무거운 상념들을
꽃 지듯 한 잎 두 잎 내려놓아야겠다

오늘밤에도 물먹은 별이 바람에 스치운다*

---

*윤동주의 「서시(序詩)」 부분 변용함.

꽃

가는 나뭇가지가
까치집처럼 얼기설기 들어차 있는
꽃이라는 글자를 화선지 가득 커다랗게 써놓고
천천히 오래도록 들여다본다

이리저리 돌려도 보고 거꾸로 뒤집어도 보고
때론 큰소리로 되뇌거나 읊조려 봐도
무엇 하나 막히거나 그늘진 곳 없이 환하다

나는 이제껏 저 빈 곳 없는 빼곡함 속에서
이토록 완벽하고 아름답게 조합된
글자꼴을 본 적이 없다

놀라워라, 천 개의 나무 이름을 빌려와
이름 끝에 꽃이라고 덧붙이자
앙상한 나뭇가지, 가지마다 형형색색의 고운 빛들이
툭툭 벙글어 터진다

뾰로통한 아내의 이름 끝에 꽃이라고 쓰자
새침한 얼굴이 금세 환하게 핀다

나, 이른 아침 현관 앞에 서서
거울 속 얼굴 가득 꽃이라고 쓰고
작은 오해로 불편해진 사람들의 이름 끝에 꽃이라고 쓰고
나의 희망 나의 고난
나의 오래된 아집과 편견 끝에도 꽃이라고 쓴다

하, 천지사방
두 눈 어리도록 휘몰아치는 꽃, 꽃, 꽃들의 향연
온몸 부딪히며 달려오는
속옷차림의 하늘이며 땅이며
나무며 풀이며 바람이며—

세상의 모든 아침
세상의 모든 계절이 온전히
봄, 봄으로 밀물지고 파도치며 내게로 온다

봄꿈

내게도 자유가 하나 있다 그것은 詩를 쓰는 일이다 늦은 저녁 나는 이따금씩 테라스에 나가 몽당연필 귀 뒤에 꽂고, 어둔 창가에 바짝 붙어 앉아 잔뜩 하늘을 응시한다 드디어 나는 날아오르고 자유의 詩 여행은 시작된다

나의 뿌리를 찾아, 어두컴컴한 동굴 속에서 쑥과 마늘만 먹으며 소원을 빌고 있는 웅녀를 뵙고, 곰의 부족답게 정중히 예를 올린다 붉은 황하강을 거닐며 천기를 살피는 공명 선생에게 다가가 진리를 논하여 보기도 하고, 보리수나무 아래에서 참선하는 석가모니를 찾아 그 옆에 나란히 앉아도 본다 동서양의 대문호들과 어울러 대작을 하며 잔뜩 취해도 본다

비가 내리거나 가슴이 답답하고 좀이 쑤셔오는 날이면, 멀리 북해까지 단숨에 달려가 성미 못된 망나니 상어를 마음껏 부려보다가, 그래도 성이 차지 않으면 구름을 잡아타고 하늘국까지 올라 필봉(筆鋒) 높이 세워 들고, 한바탕 진소동을 피우다 돌아오기도 한다

그러나 내가 원하는 자유는, 햇살 고운 봄날 동해로 나아가 울릉도와 독도 중간쯤에서 가부좌 틀고 앉아, 바다 속 해저산맥을 끌어올려 두 섬을 잇고, 오랫동안 꿈꿔왔던 이상향의 율도국을 건설하는 것이다 율도국*의 제왕이 되는 것이다 모든 죽어 있는 것들에게 생명을 부여하고, 자유의 율법을 제정하고, 해초와 수목의 가지가지마다 형형색색 눈부신 꽃을 피우게 하는 것이다 바다를 나는 갈매기와 물고기들에게 말과 글을 가르치는 것이다

매일 아침 조회를 열어 물고기 대신들과 어울려 자유를 논하고, 시문(詩文)을 겨루어 보기도 하는 것이다.

---

*율도국(率島國): 홍길동전에서 바다 건너 대양의 한 섬으로 표현된 율도국은 현실이 아닌, 홍길동의 이상이 뿌리내릴 수 있는 세계다. 허균은 율도국을 적서차별이나 탐관오리가 없고 만백성이 행복한 이상향, 이상사회로 설정하였다.

산을 오르는 방법

중국 제나라 위왕이 길을 가다 어느 아름다운 산 아래에 이르러 산봉우리를 취한 듯 바라보고 있었다 "누가 나를 저 끝까지 올릴 수 있겠느냐 그런 재주를 가진 자가 있다면 큰상을 내리겠다" 신하들은 서로의 얼굴만 멍하니 바라보았다 그중 손빈이라는 신하가 난감한 표정을 지으며 입을 열었다 "봉우리까지 전하를 단번에 올릴 수는 없습니다 그러나 전하가 그곳에 올라 계신다면 산 밑으로 내릴 수는 있습니다" 위왕은 몹시 미심스러웠지만, 그 방법이 궁금하여 신하들을 따라 한 걸음 한 걸음 땀 흘려 등성이를 지나고, 봉우리를 향해 산을 올랐다 마침내 정상에 이르러 손빈이 굽신 머리를 조아렸다 "용서하십시오, 이미 전하를 산봉우리에 올려놓았습니다"

깊은 밤 마당가에 나와 담쟁이처럼 낮게 엎드려 절벽 같은 하늘을 올려다보니, 앞산 마루 우듬지 끝에 곱게 핀 손톱달을 아주 작은 자벌레 한 마리가 아삭아삭 갉아먹고 있다 자벌레가 굼틀, 앞을 향해 한 걸음씩 나아가는 속도로 달빛이 떨어져 내리더니 마당 한쪽이 우련 밝아온다

---

*중국 제나라의 위왕과 그의 신하, 손빈의 이야기를 인용함.

제3부

호미

너무 환하지 않아서 참 좋아야
눈썹 같기도 하고 호미 날 같기도 한

독이 비어야만 채울 수 있는 것이여
초승달만이 둥근 보름달이 될 수 있는 것이여야

사립문 사이 봉당 나무 기둥에 대못을 박아
늘 씻어 걸어두고 평생 밭일을 함께했던
뾰족한 끝이 닳고 닳아 몽당이가 되도록 버리지 못하고
고이고이 아끼고 간직하다가
이제는 당신마저 등이 굽어 휘어진

이 호미가 너희 일곱 남매를 지금껏 탈 없이 길러낸 것이여
쥐뿔도 없는 집안을 이만큼이나마 일으켜 세운 것이여야

가을걷이도 다 끝난 텅 빈 하늘밭에
물끄러미 나와 떠 있는 호미를 닮은 초승달 하나
환하게 밝지 못하고 아슴아슴 흐릿하여 가만히 섧다

어머니와 까치

열여섯 어린 나이에 어머니 시집오던 날
외가의 까치 한 마리가 함께 따라왔다고 한다

그날부터 까치는 앞마당 감나무 끝에 날아와 늘 아침을 울었고 서로의 안부를 확인하곤 했다 밥을 지을 때나 밭일을 나갈 때도 늘 앞서거니 뒤서거니 같이 다녔고 반가운 손님이라도 오는 날이면 이른 새벽부터 소란을 피우며 소식을 알려주기도 했다 열무단을 가득 머리에 이고 읍내 장을 갈 때도 동네 어귀 당산나무까지 날아와 배웅을 하였고 돌아올 땐 어김없이 마중을 나왔다 어머니는 가족 몰래 음식도 나누어 주고 늦가을 마당의 감을 따낼 때도 까치의 겨울나기 걱정에 감 몇 개쯤은 따지 않고 남겨두었다 눈보라 몰아치는 추운 겨울이 돌아오면 당신보다 먼저 까치 걱정에 잠을 설치셨고 새벽마다 장독대에 나가 정화수를 떠놓고 한참 동안 손을 가지런히 모으기도 했다

어머니의 검은 머리가 차츰 까치의 깃털처럼 희끗희끗해져 갈 무렵 십여 년 만에 찾아온 지독한 장마가 달을 넘기고 있

었다 마을엔 갑자기 이유를 알 수 없는 정전이 계속되었고 양복 입은 사람들이 삼삼오오 몰려와 정전의 이유가 전신주 위에 얼기설기 지어놓은 까치집 때문이라고들 했다 조용하던 마을은 다시 작달비처럼 소란스러웠고 마을의 까치집들은 모두 강제 철거되었다 몇 날 며칠 마을엔 총성이 울려 퍼졌고 까치는 더 이상 보이지 않았다

그날 이후 어머니께서는 지병과 함께 몸져누우셨고 십수년을 홀로 남아 모진 세월을 근근이 버티시다가 도회지의 막내 딸 곁으로 다시 한 번 시집을 가듯 이사를 했다 까치집보다 높은 요양 건물 하얀 침대에 누워 이따금씩 찾아오는 자식들의 겉치레와 풍문으로 들려오는 까치 소식에 남은 삶을 연명하시며 아침마다 머리 위에 알기살기 까치집을 지어놓고

오지 않는 까치를 기다리곤 하였다

금강천(金剛川)
—샛강 그리기

한 소년 화가가
강의 밑바닥을 조금씩 파 들어갔다
실뿌리 하나 다치지 않도록 조심조심
어린아이의 양쪽 귀를 누르듯 잡고 서울 구경시키듯
텃밭의 무를 쑥, 하고 뽑아 올리듯
강을 번쩍 들어올렸다

—어머니, 강이 뭐 이래요
—검은 물 풍선같이 꿈틀거려요 냄새도 심하고
—물빛이 온통 부옇고 불그름해서 안을 들여다볼 수가 없어요
—강물 속에 비친 뭉게구름
—뭇 새들과 춤을 추듯 뛰노는 물고기들
—꿈을 낚는 백로
—나물을 씻는 어린 누이와
—벌거숭이 아이들
—아무도, 아무것도 보이지 않아요

—몸과 마음을 정갈히 하고
—간곡히 정성을 다해 다시 그려 보거라

화실로 돌아와 그는
유년의 기억을 떠올려 초안을 잡고, 스케치를 하고
형형색색 물감으로 색칠을 하다가
붓을 던지듯 바닥에 내려놓고
어칠비칠 검붉게 빛이 바랜 강을 다시 일으켜 세웠다

—그러나, 어머니
—다시없는 이 외눈부처 같은 절대보옥(絶對寶玉)을
—어떻게 어디서부터 다시 그려야 하나요
—어떻게 되살려야 하나요
—어떻게 되돌려놓아야 하나요

철석같다는 말

'철석같다'라는 낱말을 국어사전에서 찾아보면
(마음이나 의지, 약속 따위가) 아주 굳고 단단하다라고 되어
있다

철석같이 믿었었는데
철석같이 기다렸는데—

그녀가 떠난 후
'철석같다'란 뜻을 곰곰이 되뇌어보는데
그녀와 내가 함께 쌓은 모래성이
와르르르 무너지는 소리가 들린다
시퍼렇게 날이 선 파도가 무지막지로 밀려와
갯바위에 부딪치는 소리, 철석
언젠가, 눈물을 글썽이던 붉은 립스틱의 그녀가
나의 뺨을 맵차게 후려치던 소리, 철썩

'철석같다'라는 말을
입 안에 두고 오래도록 굴리다 보면

끼룩끼룩 갈매기 울음과
씹지도 않고 삼켜버린 포도알 같은
비릿한 파도 향이 톡톡 터지기도 하지만
철석같이 굳은 약속을 조심하고 경계해야 한다

오월의 장미꽃잎 뒤에 숨은 가시 돋친 초록뱀이
그대의 뺨에 붉은 손바닥 자국과
그대의 가슴에 오래도록 잊히지 않을 독한 멍 자국을
철썩, 남기게 될지도 모르기 때문이다

개밥바라기

밭일 나간 어머니 늦도록 돌아오지 않아
코흘리개 동생 손잡고 동구 밖으로 마중 나가는데
구석진 고샅마다 땅거미 떼 스멀스멀 기어 나오고
후드득후드득 등 뒤에선 소나기 마구 쫓아오네

움푹 팬 둥구나무 밑동 아래 짚단처럼 기대서서
창알창알 보채는 어린 동생 업어 달래며
이 일은 이 이 이는 사, 구구단을 외고 또 외워도
어머니 모습 보이지 않네 돌아오지 않으시네

콩밭 들깨밭, 마저 매고 오느라 늦으시나
양푼 가득 산딸기 따 담아 오려고 늦으시나
비 그치고 서녘 하늘가에 개밥바라기 눈물 가득 머금고 떠 있는데
어머니 왜 안 오시나 언제 오시려나

누구세요

망구(望九)의 어머니를 뵈러, 요양원을 찾아 침대 가까이 다가가 얼굴을 들이밀면, 어머니는 주춤 놀라 움츠리며 빤히 쳐다보고 묻는다 누구세요

저예요 저 누군지 모르세요, 귀가 밝은 어머니는 이내 알아차리고 우리 둘째 아들 목소리네, 하며 활짝 웃는다 웃음이 얼마나 곱고 맑은지, 나는 번번이 그 웃음에 덜컥 미끄러져 팔이나 다리를 비끗하곤 한다 눈이 흐려 잘 보이진 않아도 자식의 목소리만큼은 잊지 않고 기억을 붙들고 놓지 않고 있는 어머니, 그러다가 언제 그랬냐는 듯이 누구세요, 하며 되묻는다 저예요 어머니 아들, 어머니는 다시금 함박꽃이 된다

요양원에서의 짧은 시간 동안 내가 할 수 있는 일은, 어머니의 '누구세요'였다가 슬프도록 환한 '미소'였다가를 반복하다가, 희나리 같은 당신의 두 팔을 뿌리치고 아무것도 내어준 것 없이 돌아서 나오는 것이 전부다 누구세요, 제 핏줄의 목소리를 붙들고 놓지 않는 어머니의 모진 기억처럼, 하르르하르르 벚꽃잎 흩날리며 아프게 사월의 봄이 지고 있다

아욱국

행복요양원에 모신 팔순의 장모님
요즘 들어 말씀도 많아지고
음식 투정도 부쩍 늘었다

뜨끈뜨끈한 바지락 칼국수도 묵고 싶구
꽁보리밥에 아욱국도 묵고 싶구
고추장 듬뿍 찍어 상추쌈도 싸 묵고 싶구

지랄하구,
여긴 뭐든지 묵지 마라 묵지 마라야
입맛 없구 맹숭맹숭한 멀건 죽만 묵으래야

담당 의사와 간호사 몰래
아내와 함께 요양원 뒤란 화단에 모시고 나가
보온병에 숨겨온 아욱국을
일회용 대접에 담아 내놓는데―

니가 아욱국 끓여 온다 캐서

엊즈녁부터 밤새 한숨도 못 자구 기둘러써야

후루룩후루룩
휠체어의 장모님은 아욱국을
두 그릇씩이나 소나기 퍼붓듯 들이켜신다

경성드뭇한 봄산의 눈처럼
가슴 졸이며 지켜보던 아내의 그렁그렁한 눈망울이
불볕 팔월의 접시꽃보다 더 붉고
뜨겁다

당산나무

내 고향은, 사철 아름답고 우뚝한 속리산이 묵묵히 둥지처럼 자리한 충북 보은의 작은 마을, 초계(草溪)라는 곳인데요 한때는 마을이 번성하여 빼곡한 집들이 백여 호가 넘었고, 한겨울에도 까치밥꽃 발갛게 핀 골목마다 아이들의 울음소리, 웃음소리가 끊이지 않았었지요

동구엔 작은 동산이 얌전히 가부좌를 틀고 앉아 있고, 그 앞으로 늘 맑고 깨끗한 도랑물이 버들치와 가재, 미꾸라지들을 키우며 흐르고 있었는데요 바로 앞길에는 크고 오래된 버드나무가 한 그루 있었지요 나무의 수령은 정확히 알 수 없었지만, 밑동은 반쯤 썩어 움푹 패었고 커다랗게 구멍이 뚫려 있었고요, 오색의 댕기나 새끼줄이 늘 둘러쳐져 있었는데요 이따금씩 붉은 흙과 타다 남은 양초와 떡과 고기가, 흰 종이 쟁반 위에 놓여 있기도 하였지요

해마다 겨울이 찾아와 푸른 잎들이 떨어지고 나면, 나무는 가늘고 긴 가지를 허리 아래로 늘어뜨리고 자신의 종아리를 철썩철썩 내리치곤 하였는데요 동네 사람들은 서둘러 제를

올리고, 저마다 버드나무 앞에 나아가 자신의 잘못을 고하고 용서를 빌었고, 더더욱 몸가짐을 조심하였지요 사람들은 그 아름드리 고목을 마을의 어른이라고 불렀는데요 그 앞을 지날 때면 작고 넓적한 돌을 던져 탑을 쌓고 마을의 평화와 안녕을 빌며, 머리를 숙여 예를 표하기도 하였지요

나는 지금도 홀로 남아 계신 어머니를 찾아뵙거나, 조상의 산소를 돌보기 위해 이따금씩 고향에 들러 왜소해진 마을을 둘러보곤 하는데요 당산(堂山)을 지날 때면 차에서 내려 버드나무 앞에 나아가, 한참 동안 눈감고 두 손을 모아 쥐며 흐트러진 몸과 마음을 다시금 다잡아 보기도 하는 것이지요

추억론(追憶論)

유년의 추억을 주우러 바람 부는 바다로 나갔다
바람을 포로로 묶어놓고 비리고 애틋한 기억들을
배낭 가득 두툼히 챙겨 담는다

까만 고무신, 까만 옷 모두 벗어던지고 함께 뒹굴던
맨발, 맨몸의 발자국처럼 성글게 흩어져 누운 낙엽 몇 잎
몽돌 뒤에 숨어 물때를 기다리는 텅 빈 조가비 두어 쌍
봉숭아물을 들여 분홍빛 사랑과 꿈을 키우고
사금파리, 고무줄놀이로 날이 저물던
어린 날 손톱친구들 같은 동그만 조약돌 서너 개
파도가 가지런히 모아놓은 곱고도 정갈한 모래 한 줌
비상을 위해 잠시 숨을 고르는 바닷새의 깃털 하나

어둑어둑 늦은 바닷가
포로를 풀어주고 나자 다시 내가 바람의 포로가 된다
성난 바람은 나를 구석으로 내몰며 허공으로 치솟더니
이내 바닥에 거꾸로 동댕이친다
나를 발가벗기고 배낭 속 추억들도 송두리째 쓸어간다

돌아가라 서늘한 달빛 받으며 돌아가라 한다
추억은 줍거나 캐내어 옮겨놓거나 모아두는 것이 아니라 한다
그럴듯하게 포장하거나 꾸미는 것은 더더욱 아니라 한다
본래의 모습 그대로 그저 묵연히 바라보거나
가슴 깊숙이 간직해두는 것이라 한다

돌아오는 길에 텅 빈 손을 내려다본다
온몸 가득 추억의 기억들이 송글송글 땀처럼 맺혀
서늘한 등줄기를 따라 촛농처럼 쉼 없이 흘러내린다

칼
—춘래불사춘(春來不似春)

봄비가 사납게 지나간
용봉산 구석진 벤치 위에 칼 하나가 누워 있다
이른 아침부터 늦은 저녁까지 종일 요지부동이다
배곯은 길고양이처럼 가끔 약수터에 나가 벌컥벌컥 물을 들이켤 뿐
이내 다시 제자리로 돌아와 눕는다

거뭇거뭇 녹이 슬고 낡아 제 빛을 잃은 칼
톱날처럼 금이 가고 이가 빠져 닳아 해진 칼
사과도 무도 자르지 못하는 밋밋하니 무뎌진 칼

한때는 홀어머니를 모시며
5인 가족의 가장으로 눈부시게 가계를 이끌던 칼
예리한 눈빛 하나만으로 골목의 가등을 껐다 켰다, 했던 칼
성난 파도처럼 푸르게 날을 세워 들고
도심의 가장 높은 곳에 올라 위풍당당 위용을 뽐내던 칼

용봉산 등성이 아래 잠잠히 석양이 내린다

어둑어둑 눅눅한 벤치에 누워 있던 칼이
부스스 일어나 검붉은 하늘을 오래도록 응시한다
약수터 산수유나무 노랗게 꽃망울 터뜨리듯
무디고 녹이 슬어 슬프도록 뭉툭한 저 칼도
한 번쯤은 버럭 화를 내며 자신을 다시 일으켜 세울 수 있을까
노을빛 숫돌에 날을 벼리고
까만 하늘에 푸르게 별 하나를 그어 빛나게 할 수 있을까

추적추적 비칠비칠 산을 내려가는 칼
아직도 군데군데 남아 있는 잔설들, 차고 미끄러운 덫들
봄이 찾아왔건만 세상은 봄 같지 않은 날들로 아득히 춥고
그의 뒷모습이 노을에 비낀 산 그림자처럼 위태위태하다

찔레꽃가뭄

—저녁 바람이 차지 않아요 어머니
—아니다, 조금 더 이따가 가자꾸나
해종일 허리 한번 못 펴고 밭일을 해서 그런지
이제 좀 시원하니 살 것 같구나
—찔레꽃 향이 어머니 분 냄새같이 은은하고 향긋해요
—그렇구나, 찔레꽃잎이 저리도 희고 고운 걸 보니
이번 가뭄이 꽤 오래 가지 않을까 걱정이다
—다들 울상이에요 모내기철에 논에 물이 들지 않으니
—기다려야지, 하늘이 하는 일을 어찌할 수 있겠느냐
—저는 모내기보다 어머니 건강이 더 걱정이에요
어머니에게도 어서 맑은 비가 내려야 할 텐데요
—나는 괜찮다, 이미 고운 흙은 다 쓸려 내려가고
휑하니 모래와 자갈만 남은 몸 아니더냐
비가 와도 다 새어 흘러나가고 만다
—제가 어머니 흙이 되어 드릴게요
—그런 소리 마라, 젊은 몸이 중하지
가뭄으로 비쩍 말라 주글주글한 몸이 뭐 그리 중하겠느냐
—그래도, 뭐든 해드리고 싶어요

—그래 고맙다, 몸 단단할 때 간수 잘 하거라
어, 하고 한눈팔다 보면 금세 헐거워지기 마련이다
—뒷산 뻐꾸기는 목도 안 아픈가 봐요
종일 저렇게 구슬피 울어대고 있으니
—그도 비가 그리워 우는 거겠지
개울마다 붉은 입천장 드러내고
논바닥 갈라져 올챙이 말라 죽어 있지 않더냐
어디 가서 물 한 모금 마음 놓고 마실 수 있었겠느냐
—이제 그만 돌아가요 어머니
—그래 어여 가자, 하늘도 무심하시지
길섶의 애기똥풀 노랗게 반짝반짝, 빛나는 걸 보니
오늘도 내일도 비 오기는 영 그른 것 같구나

＊찔레꽃가뭄: 모내기철이자, 찔레꽃이 한창 필 무렵인 5월에서 6월경 하지 무렵에 드는 가뭄.

아이리스, 붓꽃

1.

어느 작고 조용한 마을에 젊고 아름다운 미망인이 살고 있었는데요 많은 남성들이 찾아와 저마다 사랑을 고백하며, 수년째 구애가 끊이지 않았는데요 그때마다 그녀는 모든 유혹을 물리치고 정절을 지키며 홀로 살아가고 있었는데요

어느 날 공원을 산책하다가 꽃 그림을 그리고 있는 화가와 눈이 마주쳤는데요 화가는 그녀의 아름다움에 한눈에 반하였고, 금세 사랑을 하게 되었는데요 그녀는 언제나처럼 정중히 거절을 하였는데요 애가 단 화가는 자신의 진정한 사랑을 받아달라며 끈질기게 구애를 하였는데요

나를 진정으로 사랑한다면 실제 사물과 다름없는 살아있는 그림을 그려주세요 그러면 당신의 사랑을 받아들이겠어요, 화가는 수십 일 동안 잠도 자지 않고 심혈을 기울여 그림을 그리고 또 그렸는데요 마침내, 그녀와의 아름다운 사랑을 생각하며 정성을 다해 완성한 꽃 그림을 들고 다시금 그녈 찾았는데요

그녀는 흠칫 놀라며, 정말 아름다운 그림입니다, 이토록 생생하게 살아있는 그림은 여태 본 적이 없습니다, 그러나 향기가 나지 않네요, 하고 차갑게 돌아섰는데요 순간 어디에서 날아왔는지 예쁜 나비 한 마리가 꽃 그림 위에 사뿐히 내려앉았는데요

2.

찔레꽃잎 하얗게 흩날리는 대청호수 수변가에 연자줏빛 붓꽃이 수줍게 피어 있다 애기똥풀 노랗게 물든 길섶으로 노랑나비 한 마리 날아와 붓꽃잎 위에 가만히 내려앉는다 축포처럼 새 한 마리 하늘로 솟구쳐 날아오르고, 잔잔하던 물결이 출렁 다가와 호수 속 버드나무 잎을 쇠아아, 흔들어댄다 오월의 뱀처럼 봄이 스르륵, 무르익는다

---

*이탈리아에서 전해 내려오는 아이리스(irises, 붓꽃)에 대한 전설을 인용함.

지독한 사랑

정년을 두어 해 남기고
아내와 함께 옷장 정리를 하다 지독한 사랑 하나를 본다

안방, 건넌방, 거실 구석구석을 정리하면서
아내에게 이러쿵저러쿵 쓸데없는 잔소리를 늘어놓다가
베란다 구석에 놓인 오래된 서랍장을 여는데
비걱비걱 잘 열리지 않는다

무얼 가득 넣어두었기에 꼼짝도 않는 거야
안 돼 열지 말아요, 아내가 정색을 하며 막아선다
뭔데 그래, 강물 같은 궁금증을 이기지 못하고
아내의 한눈파는 틈을 타 힘껏 손잡이를 당겨보는데
아뿔싸, 삼십여 해 전 회사 신입 때부터 여태껏 입었던
찌들고 지독한 사랑들이 우르르 쏟아진다

까만 기름때가 빠지지 않아 덕지덕지 얼룩만 남은 사랑
여기저기 실밥이 터지고 해져 누렇게 빛이 바랜 사랑
옷걸이 하나 걸치지 못하고 고깃고깃 구겨진 사랑

희부여니 곰팡이 꽃이 피어 눅눅하게 젖은 사랑

나는, 화들짝 놀라며 난감해 하는 아내를
말없이 그냥 꼬옥 안아주면서 가볍게 떨리는 어깨 너머
낡은 근무복 윗주머니에 또렷이 새겨진
나의 오래전 명찰들을 눈이 흐리도록 바라다보았다

부부

어렴풋이 아내의 모습이 보였다 늦은 쇼핑도 할 겸 마중을 나와, 에스컬레이터를 타고 식품매장을 내려가다가, 흠칫 뒷걸음을 치고 말았다 풍채가 좋아 보이는 중년의 여자가 손을 치켜들었다 내렸다를 반복하며, 아내를 다그치고 있었다 아내는 안절부절못하고 연신 허리를 굽히며 예를 갖추고 있었다 나는 주춤주춤 상황을 지켜보다가, 이유가 어찌 되었든 득달같이 뛰어 내려가 여자의 멱살을 잔뜩 움켜쥐고 싶었다 아내의 손목을 잡아채어 매장 밖으로 함께 뛰쳐나가고 싶었다

얼마 후, 여자가 씩씩거리며 돌아섰고 상황이 정리된 듯했다 아내는 밖으로 달려 나가더니 한참을 지난 후에 다시 돌아왔고, 아무 일 없다는 듯 매장 일에 열중하는 듯 보였다 나는 쇼핑을 그만두고 아내에게 문자 메시지를 날렸다 여보, 이따 퇴근하면 당신이 좋아하는 양념 족발에다 소주나 한 잔 같이 합시다

매운 족발을 후후 불어가며 먹는 아내의 모습이 슬프도록 안쓰러웠다 취기가 오른 아내는, 퇴근 전 내가 이미 매장에서

목격했던 상황을, 억울하다는 듯 성토하기 시작했다 나는 아내 편에 서서 맞장구를 쳐주다가, 바보같이 그렇게 당하지만 말고 당신도 떳떳하게 할 말은 했었어야지라고 말해 주려는데, 아내의 그렁그렁한 두 눈이 설핏 빛나는 걸 보았다 나는 화장실을 핑계로 잠시 자릴 피했다 대리운전을 하며 집으로 돌아오는 내내, 나는 아내의 야윈 두 손을 꼬옥 그러쥐고 놓지 못하였다

춘자(春子) 1

개신 영구 임대아파트 1004호, 춘자 씨의 작은 거실엔 25년 된 브라운관 TV와 약 보관함이 달린 화장대 그리고 아담하고 네모난 어항이 둘 놓여 있다

불혹의 설운 나이에 혼자된 춘자 씨, 아파트 공사장을 따라 다니며 근근이 함바집을 꾸려가며 이십여 년을 보냈다 이러 구러 두 자녀를 대학까지 마쳐 출가시키고, 지금은 소읍의 오래된 원룸에서 홀로 생활하며, 인근 식당에 나가 허드렛일을 한다 손님이 먹다 남긴 소주를 두서너 잔 들이켜고, 매일 불편한 다리로 자정이 다 되어서야 집으로 돌아오는 춘자 씨, 현관에 들어서자 거실 구석에 동그맣게 놓인 어항의 열대어들이, 벌떼처럼 우르르 몰려나와 지느러미를 흔들어대며 반긴다 늘 그랬듯이 가장 먼저 열대어와 청거북에게 먹이를 나눠주고 한참을 멍어 들여다본다

오늘은 불콰한 술기운 탓인지 잠을 이루지 못하고, 새벽이 다 되도록 어항 속 바다만 하염없이 바라다본다 갈맷빛 해안을 따라 작은 파도가 일렁이는 모래펄을 맨발로 거닐어 보는

것일까 어항 속으로 첨벙 뛰어들어 몸집보다 눈이 더 큰 열대어들과 함께, 멀리 남도의 너른 바다까지 유영하다 돌아오는 것일까 청거북 등을 타고 올라 등대섬 꼭대기에 푸른 깃발이라도 꽂아 보는 것일까 푸른 해초와 수목 위에 이제 막 우화한 나비같이 곱고 어여쁜 꽃을 출렁, 매달아 보기도 하는 것일까

늦잠에서 일어난 춘자 씨, 찬밥에 김치 한 조각 서너 봉지의 약을 허둥지둥 챙겨먹고 식당으로 출근을 한다 현관문을 열다 말고 거실에 놓인 어항을 물끄러미 바라다본다 오늘은 그녀의 그림자 하나를 곁에 남겨두기로 마음먹었는지, 등불 하나를 끄지 않고 켜둔 채 집을 나선다

춘자(春子) 2

무릎 관절이 도져 얻어낸 모처럼 휴가,
이른 아침부터 춘자 씨의 손길이 분주하다
거실장 한쪽에 정갈히 씻은 어항을 조심조심 올리고
바닥에 모래와 자갈을 고르게 깐다
플라스틱 해초와 수목도 알맞게 심는다
물을 절반가량 채우고
봉긋한 몽돌 두 개를 오뚝하니 안친다

남도의 바닷가 마을 외떨어진 작은 섬처럼
중심에서 밀려나 허공중에 둥지를 튼 사각형의 바다

바람도 없고 파도도 없는 고요한 바다
덩그러니 늘 눈에 밟히는 애틋한 바다
이순처럼 순하고 쓸쓸한 바다

계절마다 한두 번씩 어항을 비워내고
맑게 씻은 바다와 섬을 다시 들이고 안쳐보기도 하지만
여전히 비릿한 바람 한 줌 흐르지 않고

갈매기 울음소리 들리지 않는다

뒤쪽 해안을 따라
남도의 무지갯빛 파도도 그려 넣고, 전등불도 밝히고
하루해가 다 가도록
홀로 네모난 어항 속 바다만 종일 바라다보는 춘자 씨,
바다의 문을 열고 들어가
동그랗게 솟은 그녀의 작은 돌섬 위에
등 푸른 거북 한 쌍 돌올하니 올려놓는다

웃프다

성근 눈발 흩날리는
쇠똥 묻어 더욱 착하고 쓸쓸한
낯익은 십이월의 어스름 골목길

두리번두리번
이순의 아내가 담장 밑에 희끗하니 숨어들어
엉덩이를 보름달마냥 까고 앉아 오줌을 누고 있다

모락모락 피어 흐르는 실개천
굼틀굼틀, 아직 얼지 않은 옛이야기들

귀뚜라미 울음소리 잠시 멈춘 골목 안쪽이
감나무 가지 끝, 눈 내려 더욱 휑한 까치집달처럼
웃프다

---

* 웃프다: 웃음이 나오지만 곧바로 슬퍼진다는 뜻으로, 웃음과 슬픔이 공존하는 그런 감정상태의 인터넷 신조어.

해설

생명의 온기를 응시하는 시선

이정현 문학평론가

나목(裸木)이고 싶다
밤을 두려워하지 않고
함부로 슬퍼하지 않는 저 강의 나목이고 싶다
아무런 부끄럼 없이 사람들을 만나는 나목이고 싶다.
—김태원, 「겨울 강변에서」 부분

김태원의 시는 생명의 움직임을 줄곧 포착한다. 그 움직임은 소란스럽지 않지만 필사적이고 필사적이면서 질기다. 시인이 바라보는 생명의 움직임은 주로 이런 것들이다. 칠월의 땡볕을 이기고 힘겹게 뻗어나가는 담쟁이 줄기(「상처를 세우다」), 얼어붙은 호수 위의 물오리들(「싸목싸목, 봄」), 건축 폐기물들이 널브러진 공터의 고양이(「깨진 유리창」), 우시장에 묵묵히 끌려가는 소(「우시장 가는 길」), 뿌리가 뽑혀 누운 키 작은 나무(「나무를 읽다」). '아직' 살아있는 존재들을 통해서 생명의 소중함을 드러내는 것에 그쳤다면 시인의 언어는 흔한 목가(牧歌)에 가까웠으리라. 하지만 김태원의 시는 고요하면서 필사적인 생명의 움직임을 통해서 우회적으로 세계의 폭력을 드러낸다. 먼저 드러나는 것은 산과 들을, 강바닥을 파헤치고, 오래된 골목길을 파괴하는 삽날(자본)의 폭력이다. 끊임없이 영역을 확장하는 자본의 속성은 소멸과 생성의 선순환을 반복하는 자연의 질서를 파괴한다. 시인은 팽창하는 자본의 속성을 정교하게 비판하는 고준담론을 펼치지 않는다. 다만 사소하고 흔한 풍경을 보면서 나직하게 말할 따름이다.

지금은 벌초의 시대
도시는 자신의 영역을 넓히기 위해 밤낮없이 불을 밝히고
사람들은 자신의 말뚝을 중심으로
보다 크고 넓게 원을 그리려고 안간힘을 쓴다
길짐승처럼 갸르릉거리며 등을 할퀴거나 담을 넘기도하고
밤하늘 노란 달 쟁반 위에 놓인 생선을 소란스럽게 낚아채기도 한다

겨울비가 추적추적 내려앉는 깊은 밤
득(得)과 실(失), 어둠과 밝음이 공존하는 골목 한 귀퉁이
물 먹은 가로등 하나가 켜졌다 꺼졌다, 꺼졌다 켜졌다

를 반복하며

담장 위에 걸터앉아 기로(岐路)에 선 도둑고양이 두 눈을

어지럽게 흔들고 있다

—「벌초」 부분

생명을 응시하는 시들은 대개 '생명/물질'이라는 이분법을 전제하고 강렬한 항의의 어조를 띠기 마련이지만 김태원의 시는 덤덤하게 생명의 움직임을 단지 바라보기만 한다. 그런데 이상한 일이다. 짙은 흙냄새가 배인 시인의 언어는 어떤 항의의 목소리보다 울림이 크다. 생명을 유지하려는 가냘픈 존재들은 어떤 방식으로 곤궁한 삶을 견뎌내는가. 시인은 다음과 같은 풍경을 응시하면서 답한다.

호수를 빼곡히 뒤덮고 있던 얼음은
이미, 산그늘 아래 음지선(陰地線)까지 떠밀려
최후의 바리케이드를 치고 있다

그 얼음과 물의 경계에 물오리들이 모여 있다
물오리들은 얼음 위에 올라 성급히 발을 구르거나
부리로 얼음을 쪼아 깨뜨리는 법이 없다
물오리 하나가 물오리 열, 물오리 백과 어깨를 나란히

잇대어

싸목싸목 손에 손을 모아 얼음을 녹이고 밀어내는 것

이다

—「싸목싸목, 봄」 부분

좋은 서정시는 이성적인 해석과 판단으로 가늠하기 어려운 삶의 이치들을 보여주면서 깊이를 획득한다. 얼음과 물의 경계에 모여든 물오리들이 서로의 체온으로 얼음을 녹이고 밀어내는 풍경은 영역을 쌓고 경계를 나누기에 급급한 사람들과 그들이 만든 세속(世俗)을 떠올리게 한다. 영역과 경계 설정에 익숙한 사람들은 끊임없이 새로운 것을 찾아 헤매고, 모든 대상에 값을 책정하는 작업에 골몰한다. 세속의 기준으로 보면 담쟁이넝쿨, 곤충, 나무, 풀과 같은 것들은 무가치한 것들에 불과하다. 시인은 세속의 방식과는 달리 그것들의 값어치를 항변하지 않고, 그들이 존재—있음—을 얘기한다. 이를테면 이런 식이다. "자신의 몸을 수직낙하하면서 비로소 삶을 완성"(「고드름과 동백은 날개가 없다」)하는 '고드름'의 모습, "자신의 키보다 높은 곳은 절대 욕심내는 법이 없지만, 자신이 가야 할 길이 낭떠러지라도" 기어이 뛰어내리는 '물'의 흐름, 누군가 깨우지 않아도 봄이 오면 스스로 일어나는 '개구리'와 '싹'들. 누구나 당연하게 여기지만, 그것들이 얼마나 힘겹게 존재하는가를 시인은 거듭 토로한다. 생명 가진 것들의 힘겨운 움직임을 포착하는 시인의 인식은 세속에서 무가치하게 평가받는 인간들로 확장된다. 무가치한 사물 취급을 받는 생명 가진 것들의 위태로움은 바로 인간의 문제인 까닭이다. 시인의 페르소나인 한 사내를 보라. 그는 지금 호수공원의 화장실에서 오줌을 누고 있다.

> 놀라워라,
> 파리는 미동도 하지 않은 채
> 나의 무차별 공격을 받아내며 몸을 절벽에 더더욱 밀착시킨다
> 네다섯 번의 공격이 허무하게 무위로 돌아간다
>
> 자세를 고쳐 풀고
> 바지를 추어올리며 한참을 바라보다가
> 문득 나는 세상 곳곳 절벽의 삶들을 생각한다
> 깎아지른 바위틈 낭떠러지에 뿌리내린 나무들
> 춥고 그늘진 곳에 전전긍긍 슬픔을 먹고 살아가는 유기동물들
> 직장이 없거나 직장을 잃은 우리네 쓸쓸하고 휑한 이웃들
> 우물 같은 애환을 가슴에 품어 안은 비정규직의 사람들
> 꿈과 사랑을 잃은 노숙자들

나는 잠시
소변기의 파리에게 숙연히 경배하며 손을 모은다
가만히 물을 내려 나의 흔적을 깨끗이 지워 없앤다
놀라워라, 파리의 모습이 더욱 환하게 빛난다
벼랑 끝에 아뜩하게 핀 산철쭉 꽃잎처럼 붉고 선명하다

—「벼랑꽃」 부분

소변기의 한가운데에 그려진 파리를 향해 그는 "물대포 공격"을 연신 퍼붓는다. 그러나 그려진 파리는 움직이지 않는다. 오히려 "몸을 절벽에 더더욱 밀착"한다. 화장실을 청결하게 유지하려는 정책적 아이디어의 산물인 소변기의 파리 그림에서 시인은 도처에 널린 "절벽의 삶", 그러니까 무가치한 취급을 받는 노숙자와 비정규직들과 유기동물들, 그리고 절벽에 뿌리를 내린 나무의 운명을 동시에 떠올린다. 그들은 모두 힘겹게 삶을 지탱하는 존재라는 공통점을 지녔다. 생명을 지닌 것들의 나약하지만 질긴 움직임을 응시하는 시인의 눈은 세속의 체계에서 내몰린 인간을 향한 연민으로 향한다. 모든 존재의 공통된 운명은 생성되었다가 병들어 소멸되는 생로병사(生老病死)이다. 그러나 자본의 체계는 그것을 인위로 조정하면서 가치와 서열을 책정한다. 시인이 거듭 '나무의 뿌리'와 '물의 흐름'과 함께 '개발지구의 폐허'를 주시하는 이유는 바로 여기에 기인한다. 생로병사의 과정에 개입하는 폭력을 합리화시키는 자본의 논리에 휘둘리는 세계에 인간은 적극적으로 동참하고, 자연은 침묵을 유지한다. 자본 논리의 전면적인 확장에 직면한 시인이 할 수 있는 것은 단지 자연의 침묵에서 들리지 않는 소리를 듣고, 질긴 생명의 몸부림을 발견하는 일이다.

용암개발지구, 이제 한동안 새끼줄 안쪽은
밤낮으로 불이 꺼지지 않고 양철지붕처럼 소란스러워
질 것이다
책을 지워 없애듯 산과 골은 허물어져
백비(白碑)처럼 항거하지 못하고 쓰러져 눕게 될 것이다
흙먼지와 굉음과 네모난 벽돌이 하나하나 쌓이고 쌓여
길이 되고 집이 되고 거대한 사각형의 도시가 되어
사람들을 파도처럼 모여들게 할 것이다

공사가 마무리되고 판이 끝나면
붉은 새끼줄을 경계로 아스라하게 걸쳐 있던 저 소나무
도
바둑판의 사석처럼 들어내게 될 것이다
포위하고 있는 쪽의 일방적인 권리로
그의 뜻과 상관없이 폐기되거나
묶인 짐승처럼 트럭에 실려 강제 이주될 것이다

산과 나무는
스스로 자신의 자리를 옮겨 슬픔을 만들지 않는다

—「귀곡사」 부분

사람들은 뿌리째 뽑힌 나무의 죽음보다는 "네모난 벽돌"로 만든 "사각형의 도시"에 "파도처럼" 모여들 것이다. 그리고 사각형의 도시에서는 마치 잡초처럼 자본의 체계에서 탈락한 자들이 생겨날 것이고, 그들은 이내 소외되고 '처리'될 것이다. 힘없는 존재들이 이 세계에서 쉽게 소외되고 빠르게 처리되는 것은 바로 '망각'과 연루되어 있다. 자본주의는 무엇보다도 망각을 기반으로 작동하는 체계가 아닌가. 상실과 소모를 빠르게 대체하는 과정에서 자연에 존재하는 모든 것들의 운명인 생로병사(生老病死)에 관한 성찰은 불편한 낭비로 취급될 뿐이다. 세계는 구성원들에게 보다 빠른 속도로 운명을 망각하고 새로운 소비에 몰두할 것을 추동한다. 재개발을 거듭하는 도시, 새 휴대폰, 새 자동차, 새로운 기술과 제품들, 생로병사의 흔적을 지우는 미용술과 화장품들. 낡고 추한 것은 쓸모없다는 소리는 상식이 되고 불안처럼 우리의 눈과 귀를 잠식한다.

반면 망각이 미덕이 된 세계에서 시인은 끊임없이 회상에 매달린다. 시인의 회상은 단지 현재보다 예전의 나날들을 더 아름다웠다고 채색하는 향수와는 다른 층위를 지닌다. 그것은 운명을 망각하지 않겠다는 다짐이면서 망각을 강요하는 세계에 맞서는 저항의 한 방식이기도 하다. 기억력이 아니라 기억하려는, 망각에 저항하려는 노력의 소산이다. '어머니'를 소재로 다룬 3부의 애틋한 회상은 실제의 어머니를 그리워하는 시인의 정서에서 비롯된 것이지만, 자신을 낳고 기른 한 존재의 소멸을 보면서 자신의 운명 또한 다르지 않으리라는 사실을 함께 인식한다.

망구(望九)의 어머니를 뵈러, 요양원을 찾아 침대 가까이 다가가 얼굴을 들이밀면, 어머니는 주춤 놀라 움츠리며 빤히 쳐다보고 묻는다 누구세요

(…중략…)

요양원에서의 짧은 시간 동안 내가 할 수 있는 일은, 어머니의 '누구세요'였다가 슬프도록 환한 '미소'였다가를 반복하다가, 희나리 같은 당신의 두 팔을 뿌리치고 아무것도 내어준 것 없이 돌아서 나오는 것이 전부다 누구세요, 제 핏줄의 목소리를 붙들고 놓지 않는 어머니의 모진 기억처럼, 하르르하르르 벚꽃잎 흩날리며 아프게 사월의 봄이 지고 있나

—「누구세요」 부분

시집의 3부에 수록된 시에서는 늙은 어머니를 바라보는 자식의 애틋한 정서와 함께 '계절의 순환'을 다룬 작품들이 많다. 인간은 누구나 주어진 삶을 소진한 다음 흙으로 돌아간다는 단순한 진리를, 시인은 노쇠한 어머니와 계절의 흐름, 산과 강, 바다, 나무와 꽃의 변화를 보면서 거듭 자각한다. 결국 삶이란 자신의 근원인 흙으로 돌아가는 과정이 아닌가. 시간은 인간을 기다리지 않고 무심히 흐르지만, 폭력적인 세계는 그 흐름을 인위적으로 지배할 수 있다고 소리를 높인다. 시간의 흐름을 망각하라고 종용하는 소리는 세련된 자유를 연상케 한다. 이 세련된 자유를 만끽하면서 영역을 넓히고, 위계를 나누고, 포만감에 젖은 채 계속 여백을 지워나가는 세계의 구호는 '요양원'에서 기억을 잃어가는 어머니의 모습과 극명하게 대비된다. 이렇게 기만으로 가득한 세계에서 시인은 자신의 자유란 "詩를 쓰는 일"이라고 선언한다.

> 내게도 자유가 하나 있다 그것은 詩를 쓰는 일이다 늦은 저녁 나는 이따금씩 테라스에 나가 몽당연필을 귀 뒤에 꽂고, 어둔 창가에 바짝 붙어 앉아 잔뜩 하늘을 응시한다 드디어 나는 날아오르고 자유의 詩 여행은 시작된다
>
> (…중략…)

그러나 내가 원하는 자유는, 햇살 고운 봄날 동해로 나아가 울릉도와 독도 중간쯤에서 가부좌 틀고 앉아, 바다 속 해저산맥을 끌어올려 두 섬을 잇고, 오랫동안 꿈꿔왔던 이상향의 율도국을 건설하는 것이다 율도국의 제왕이 되는 것이다 모든 죽어 있는 것들에게 생명을 부여하고, 자유의 율법을 제정하고, 해초와 수목의 가지가지마다 형형색색 눈부신 꽃을 피우게 하는 것이다 바다를 나는 갈매기와 물고기들에게 말과 글을 가르치는 것이다

매일 아침 조회를 열어 물고기 대신들과 어울려 자유를 논하고, 시문(詩文)을 겨루어 보기도 하는 것이다.

—「봄꿈」 부분

시골 한구석에 기거하는 어느 촌부의 시 쓰기란 과연 어느 만큼의 자유인가. 그것은 아마도 시간이 흘러간다는 사실을 공포와 불안으로 가늠하지 않고 회귀의 과정으로 느끼는 만큼의 자유일 것이다. 이 자유는 시간 앞에서 나약할 수밖에 없는 모든 인간의 운명에 대한 연민으로 나아간다. 시인은 더 밝고 화려해지는 세계가 은폐하는 폐허를 줄곧 응시한다. 그리고 흙 안에서 싹을 틔우는 감자와 동면에서 깨어나는 개구리의 움식임, "가지와 잎과 뿌리의 말들"을 우직하게 옮겨 적는다.

잎과 잎, 가지와 가지
뿌리와 뿌리가 서로 얽히고설키어
행간마다 밑줄을 그어가며 촘촘히 써 내려간
저 눈부신 나무의 말들, 나무의 문장들

나무가 죽어서도 쓰러지지 않는 것은
아직 절반의 삶이 땅속에 남아 있기 때문이다
땅 밑의 생명들에게 아직 내어줄 게 있기 때문이다

간곡히 두 손 모아 나무를 다시 묻으며
가지와 잎과 뿌리의 말들을 하나하나 정독해 보는데
가슴속 깊은 곳을 찌르는 그의 말들이
소낙비처럼 때론 날카로운 바늘 끝처럼 따갑고 아프다

—「나무를 읽다」 부분

"나무의 문장"을 읽은 자가 세계의 폭력에 맞서서 할 수 있는 것은 텅 빈 꽃밭에서 컵에 남은 물을 화단에 뿌리는 일처럼 사소한 일이다. 가시적으로 값어치를 따질 수 없는 비루한 존재들에게 자신의 몫을 내어주는 일은, 이 세계에서는 도무지 쉽지 않은 일이다. 그렇지만 영역을 확장하면서 자신의 몫을 움켜쥐지 않고, 흙으로 회귀하는 시간을 자각한 자에게 자신의 몫을 다른 존재에게 나누어주는 일은 쉽고도 당연한 행위다. 소유의 강박으로 가득한 세계를 향한 탄식은 "산다는 것은 남을 해하는 일이다/밀어내고 떨어뜨려 빼앗는 일이다/밝음과 어둠 속에서 끝없는 본능을 향해 치달리는 것이다/남의 영역에 숨어들어 주인이 되는 것"(「탁란」)이라는 자각을 낳는다. 이는 자신의 몫을 타인에게 내어주는 행위의 쉽고 당연함과 상극을 형성한다.

나의 컵에 남아 있는 한 잔의 물로 무엇을 할 수 있을까 생각하다가, 빈 화단에 나아가 묵묵히 겨울을 이겨낸 키 작은 꽃나무 아래 반쯤 쏟아붓는다 혹자는, 자신의 컵 속에 이제 반잔의 물밖에 남아 있지 않다고 성난 고양이처럼 갸르릉대기도 하겠지만, 겨우내 얼어붙은 단단한 나무의 껍질을 열고, 다시금 붉은 함성처럼 찬란히 꽃 피워낼 그를 생각한다 벽에 바싹 다가붙어, 한 잎 한 잎 정상을 향해 나아갈 담쟁이의 푸르른 손들을 생각한다 마침내, 어둔 땅속을 헤치고 하늘로 날아오를 쓰르라미의 눈부신 울음을 생각한다

—「다시 꽃밭에서」 부분

이렇듯 김태원의 시는 애써 긴 설명이 필요하지 않을 만큼 소박하고 선명하다. 시인은 언어의 신장과 화려한 수사가 배제된 언어로 생명 가진 것들의 온기를 포착하면서 당신도 삶

이 고단하지 않느냐고, 넌지시 질문을 던지는 것만 같다. "기어오르다 휘청하고", "자신의 상처를 계단처럼 딛고 일어"(「상처를 세우다」)나는 평범한 자들의 삶들이 저 담쟁이의 줄기와 닮지 않았느냐고 말이다. 소박하면서도 아픈 질문은 계속된다. 당신들은 서로의 체온으로 얼음을 녹이는 물오리들보다 더 나은 삶을 살아가고 있는가. 자신의 몫을 자연스럽게 타인과 나눈 적이 있는가. 인간은 시간을 이기지 못하고 소멸을 향해 간다는 자명한 사실을 애써 잊은 채 타인에게 상처주기를 거듭하고 있지는 않은가. 소박하고 우직한 이 질문에는 불교적인 관념과 사랑의 미학이 내포되어 있다. 세계가 더 많은 소비와 쾌락, 소유를 강조할수록 인간의 삶은 역설적으로 더욱 고통스럽고 쓸쓸하게 전락하지 않는가. 김태원 시인의 소박한 서정은 해갈되지 않는 이 질문과 함께 깊어진다. 비 오는 날 담장 앞에 나란히 놓인 우산이 그려진 「그 집 앞」의 풍경은 시집 전체를 대표하는 소묘다. 시인의 시에서 자연과 사물들은 의인화가 가능하다. 타인의 고통을 대신할 수 없을 때 우리가 할 수 있는 것은 단지 곁에 머물러 주는 것이 아니겠는가.

벚꽃잎 흥건히 지며 흐르는 저물녘
장미 넝쿨 엇갈린 담장가에 우산 하나가 비에 젖고 있다
듬성듬성 작은 봉오리 벙그는 담장엔
옅은 석무가 우산의 어깨를 짚으며 가만히 내려와 있다

설어둠이 넌지시 다가가 감싸 안지만
우산에 부딪는 비 울음소리가 꽃처럼 아프다

비에 젖는 것이 어디 저 우산뿐이랴

꽃을 피우고 금세 거두어가는 봄은 어떤 얼굴일까
저 꽃잎, 빗물과 함께 흐르고 흘러
내와 강을 건너 끝내 바다에 가닿을 수 있을까
외등을 타고 희부옇게 흩날리는 비를 늦도록 맞으며
그 집 앞 담장 밑, 젖은 우산 하나가
꽃처럼 지지 못하고 밤이 이슥토록 피어 있다

비에 젖는 것이 어디 저 담장뿐이랴

—「그 집 앞」 전문

질기지만 끝내 살아가는 존재들이 지닌 온기를 담은 시의 풍경들은 쉽게 주목받지 못하고, 방치된 누군가의 고단한 삶과 겹쳐진다. 여기서 우리는 유별나게 '봄'의 풍경을 주시한 시인의 속내를 짐작하게 된다. 폐허를 닮은 삶을 기어이 견디기 위해서 필요한 것은 바로 생명의 온기가 아니겠는가. 소외된 존재를 향한 시인의 따뜻한 시선과 흙으로 빚은 언어는 당신과 나의 고통이 그리 다른 것이 아님을 일깨워준다.

이 도서의 국립중앙도서관 출판시도서목록(CIP)은 서지정보유통지원시스템 홈페이지(http://seoji.nl.go.kr)와 국가자료공동목록시스템(http://www.nl.go.kr/kolisnet)에서 이용하실 수 있습니다.(CIP제어번호: CIP2019030516)

문학의전당 시인선 0310

감귤 하나의 저녁

초판 1쇄 인쇄 2019년 8월 20일
초판 1쇄 발행 2019년 8월 27일
지은이 김태원
펴낸이 고영
책임편집 서윤후
디자인 헤이존
펴낸곳 문학의전당
출판등록 제2017-000002호
주소 서울시 마포구 마포대로 11길 91, 3층
전화 02-852-1977 팩스 02-852-1978
전자우편 sbpoem@naver.com

ISBN 979-11-5896-429-0 03810

* 이 시집은 2019 충청북도, 충북문화재단의 후원으로 발간되었습니다.